Margarete Mitscherlich

# Ist Partnerschaft überhaupt möglich?

Ein Gespräch mit Gladys Weigner

Herausgegeben von
Michael Haller

Piper
München Zürich

Von Margarete Mitscherlich liegen
in der Serie Piper außerdem vor:
Die Unfähigkeit zu trauern (168)
(zus. mit Alexander Mitscherlich)
Die Zukunft ist weiblich (968)
Wir haben ein Berührungstabu (1719)
(zus. mit Brigitte Burmeister)

ISBN 3-492-11891-7
September 1994
R. Piper GmbH & Co. KG, München
Lizenzausgabe mit Genehmigung des
pendo-verlags, Zürich
© pendo-verlag, Zürich 1992
Umschlag: Federico Luci
Foto: Bernhard Moosbrugger
Satz: Fosaco AG, CH-8363 Bichelsee
Druck und Bindung: Clausen & Bosse, Leck
Printed in Germany

# INHALT

# VORWORT

Das erste pendo-Gesprächsbuch mit Margarete Mitscherlich heißt «Die Zukunft ist weiblich». Es löste ein starkes Echo aus. Angeregt durch unzählige briefliche und telefonische Fragen, setzt sich nun dieses neue Gesprächsbuch, wiederum aus psycho-analytischer Sicht, mit dem Begriff «Partnerschaft» auseinander.

Der Titel des Buches geht auf die Frage eines Mannes zurück, der, wie er sagte, das erste Buch mit großem Interesse und auch stellenweise mit Widerspruch gelesen hatte. Insbesondere berief er sich auf folgende Feststellung Margarete Mitscherlichs: «Ich meine, eine wirkliche Partnerschaft ist nicht möglich dort, wo der Mann bereits von früh an auf seine männliche Rolle und auf damit verbundene ganz bestimmte Verhaltensweisen dressiert wird und wo eine Frau dazu erzogen wird, immer wieder Schwache zu schützen, Schuldgefühle zu entwickeln, sich in die Opferrolle zu begeben. Solange diese Rollenverteilung innerhalb einer Gesellschaft besteht, ist eine Partnerschaft nicht zu verwirklichen. In solcher Gesellschaft und bei solcher Rollenverteilung kann sich in der sogenannten Partnerschaft nur stets das Gleiche wiederholen: Männer neigen zu Gewalttätigkeit und Herrschsucht, Frauen zu Aufopferung und falscher Sanftmut. Die Frau pflegt auf dieses Spiel einzugehen und sucht dort Mütterlichkeit zu entwickeln, wo sie überhaupt nicht notwendig ist, nämlich auch dort, wo es sich gar nicht um Hilfsbedürftige, sondern nur um Herrschsüchtige handelt.»

Aber nicht nur Männer, sondern vor allem auch sehr viele Frauen baten um ein vertieftes Eingehen auf das heute so aktuelle Problem der Partnerschaft. Bleibt sie — schon rein von der menschlichen Natur aus gesehen — eine Utopie, eine Vision? Oder kann echte Partnerschaft realisiert werden?

Für die große Mühe, die sich Margarete Mitscherlich gegeben hat und für ihre Bereitschaft, sich mit diesem aktuellen Thema erneut auseinanderzusetzen, möchte ich ihr herzlich danken. Ebenso ein Dankeschön an Professor Jürgen Habermas und an Hans-Martin Lohmann für die Bewilligung zum Abdruck ihrer Geburtstagsartikel im Anhang dieses Buches.

Das Gespräch fand Ende Mai im Hause von Margarete Mitscherlich statt. Nach mehreren gründlichen Überarbeitungen seitens der Autorin ist die vorliegende Fassung von Margarete Mitscherlich für den Druck bewilligt worden.

Gladys Weigner
Zürich, Oktober 1992

# INTERVIEW

*Weigner. So wie wir zusammen das Buch «Die Zukunft ist weiblich» erarbeitet haben, wollen wir versuchen, eine Antwort zu finden auf die Frage: «Ist Partnerschaft überhaupt möglich?» Um einen lebendigen Einstieg in das Thema zu gewinnen, bitte ich Sie, erst einmal einige konkrete Beispiele aus Ihrer Erfahrung zu schildern.*

## 1. Beispiel: älteres Ehepaar

*Mitscherlich.* Ich beginne mit einem älteren Ehepaar, das seit vielen Jahren verheiratet ist und scheinbar eine sehr gute Beziehung zueinander hat. Beide Partner haben Berufe, die ein ähnliches Wissen voraussetzen. Sie verfügen aufgrund gemeinsamer Interessen über genügend Gesprächsstoff. Sie haben Kinder, die mittlerweile erwachsen sind und die sie beide lieben. Plötzlich spürt die Frau eine Entfremdung des Mannes; er ist immer häufiger von zu Hause weg, und sie entdeckt schließlich, daß er noch eine andere Beziehung hat. Es sieht so aus, als werde diese ideale, partnerschaftliche Ehe zerbrechen, und es kommt zu intensiven Auseinandersetzungen zwischen den Ehepartnern. Die Frau

11

ist verzweifelt, sie kann sich nicht vorstellen, allein zu leben.

Der Mann, auch er, ist unentschieden über die Zukunft. Wie nicht selten, hat er sich in eine weit jüngere Frau verliebt. Soll er sich scheiden lassen, wie es diese Frau fordert? das lange gemeinsame Leben und Erleben mit seiner Frau vergessen? Sie hatten es nicht immer leicht; sie mußten sehr viel Schweres gemeinsam durchstehen. Er weiß, daß er von der neuen, jungen Frau ein Verständnis für seine Vergangenheit nicht erwarten darf. Nach langem Hin und Her entschließt er sich, zu seiner Frau zurückzukehren, die auch bereit ist, ihn wieder aufzunehmen.

Die Auseinandersetzungen waren für beide Teile voller Schmerzen, für die Frau sicherlich noch mehr als für den Mann, aber sie führten letztlich dazu, daß dieses Paar aufrichtiger miteinander umzugehen lernte. Zum ersten Mal sprach er offen mit seiner Frau und beichtete ihr, daß er im Laufe der Ehe mehrmals Beziehungen zu anderen Frauen hatte, ohne daß sie es merkte. Ihre Art, mit ihm umzugehen, habe er jedoch oft als einfühlungslos, verletzend, ja nicht selten als arrogant empfunden. So wurde es auch seiner Frau bewußt, daß sie mit ihrer etwas verächtlichen Art ihm gegenüber, ihrer relativen Unkenntnis von dem, was in ihrem Mann vorging, unbewußte Rachegefühle gegen sich provoziert hatte. Sie erkannte, daß ihre Art, auf ihren Mann herabzusehen, etwas mit ihrer Beurteilung des Vaters zu tun hatte, den sie immer als ihrer Mutter unterlegen empfand. Für manche eitlen Anfälligkeiten ihres Mannes, seine relative Schwerfälligkeit im Denken, hatte sie immer einen scharfen Blick und war keineswegs sparsam mit entsprechenden ‹spitzen› Bemerkungen.

Der Konflikt zwischen den beiden, der jetzt offen ausbrach, hatte seit langem geschwelt, ohne daß es beiden so recht bewußt geworden war. Einerseits die manifeste Untreue des Mannes, andererseits die geheime Verachtung der Frau, die gleichzeitig von ihrem Mann sehr abhängig war, viel Kritik äußerte und doch in vielem blind war für das, was in ihm und um ihn vorging. Natürlich traf Ähnliches auch für den Mann zu, er war abhängig und ambivalent zugleich, aber er war um einiges geneigter als sie, seine Konflikte auszuagieren — es wurde ihm gesellschaftlich auch leicht gemacht. Ihre untergründige Verachtung für die Infantilität und Abhängigkeit des Mannes ging in diesem Fall Hand in Hand mit der eigenen Unfähigkeit, allein zu sein, eine nicht seltene Konstellation. Daß die Konflikte und Ambivalenzen nach so vielen Jahren erstmalig zur Sprache kamen, half ihnen, den schweren manifesten Konflikt mit einer relativen Aufrichtigkeit durchzustehen und ehrlichere Umgangsformen zu finden.

## 2. Beispiel: Homosexueller

Ich möchte die Sehnsucht eines Mannes nach Partnerschaft schildern, die bei ihm bisher so gut wie nie erfüllt wurde, obwohl er schon Mitte Dreißig ist. Er ist homosexuell und erlebt sich äußerlich als wenig anziehend, ist sich aber seiner überdurchschnittlichen Intelligenz durchaus bewußt. Obwohl er gute Freunde hat, auch mit Frauen freundschaftlich verbunden ist, fühlt er sich einsam, da ihm eine erfüllte Sexualität in einer Partnerschaft mit einem Mann bisher versagt blieb. Er verliebt sich meist in schöne Männer, aber diese schönen Männer haben bisher keine dauerhafte Gegenliebe gezeigt. Die Art, wie er diese Männer liebt — natürlich möchte er auch gern ein sexuelles Verhältnis mit ihnen haben –, seine Phantasien diesen Männern gegenüber sind dennoch eher zärtlich-erotisch als sexuell. Er betet sie an, leidet unglaublich, wenn er spürt, daß sie ihn nicht so zurücklieben, wie er sie liebt, weil er — wie er meint — nicht schön genug sei. Er leidet gelegentlich bis an die Grenze des Erträglichen, und nicht selten hat er in solchen Perioden auch an Suizid gedacht. Er geht hier und da in Schwulen-Bordelle oder in saunaähnliche Institutionen, wo er seine Sexualität ausleben kann, hat aber Angst vor Aids — eine in jeder Beziehung unbefriedigende Situation.

So wie er in totale Abhängigkeit von bestimmten, von ihm angebeteten Männern gerät, so muten auch seine Freundschaften etwas kindlich oder pubertär an. Er hat das dringende Bedürfnis, diesen Freunden alles zu sagen. Nichts will er vor ihnen geheimhalten. Er versteht nur mit Mühe, daß jeder Mensch auch etwas für sich behalten muß, und es nicht zu einer Gemeinschaft, zu einer Partnerschaft, sei sie nun freundschaftlich oder sexuell, gehört, daß man alles und jedes, was man tut und denkt und erlebt, dem andern mitteilt. Daß man auch in der besten Freundschaft etwas für sich behalten muß, wenn es für einen selber sinnvoll ist oder den anderen verletzen könnte, begreift er nur mühsam.

In unserem Fall sind dem jungen Mann — mit seiner absoluten Auffassung eines partnerschaftlichen Verhaltens, wo beide Teile sich quasi einem von ihm geforderten Bekenntniszwang ergeben müssen — einige seiner Freundschaften zerstört worden.

Einen Lebenspartner zu finden, ist für Homosexuelle sicherlich schwieriger als für Heterosexuelle. Bei aller Aufklärung neigen wir nach wie vor dazu, Homosexuelle als unseren Wertvorstellungen nicht entsprechende, leicht minderwertige Menschen anzusehen und ihnen dadurch das Leben in einer heterosexuellen Gesellschaft noch komplizierter zu machen, als es sowieso schon ist.

*Eine Zwischenfrage: Was ist denn der Unterschied von Erotik und Sexualität bei Homo- und Heterosexuellen?*

Das ist eine kaum zu beantwortende Frage. Vielleicht kann man sagen, daß das drängende Bedürfnis nach unmittelbarer sexueller Befriedigung — zumindest in unserer Gesellschaft — bei Männern, ob homo- oder heterosexuell, stärker ist als bei Frauen. Körperliche Vergewaltigung gibt es bekanntlich nur von Männern — Homo- wie Heterosexuellen. Das Bedürfnis auf nichts anderes als momentane sexuelle Befriedigung gibt es natürlich sowohl bei Hetero- wie bei Homosexuellen, bei Männern wie bei Frauen; Zärtlichkeitswünsche sind dann kaum vorhanden. Es ist sicherlich nicht selten, daß Homosexuelle im Lauf einer Nacht durch die Toiletten einer Großstadt ziehen und wie verrückt nach einem Partner suchen, der dann meist schnell ausgewechselt wird. Das ist natürlich in der heterosexuellen Männerwelt mit Prostituierten nicht viel anders. Mit Erotik hat ein solches Verlangen nichts zu tun. Erotik hat etwas mit der Schönheit, den Bewegungen des anderen, der Begeisterung für bestimmte Linien des Körpers, des Gesichtes, der Ausdrucksfähigkeit, aber auch mit dem Klang der Stimme, mit dem, was die Frau, was der Mann sagt, und vielem, vielem mehr zu tun. Rein sexuelle Triebe werden in Bordellen oder ähnlichen Institutionen ausgelebt, oder man holt sich gleichzeitig mehrere Frauen oder Männer, die meist gesellschaftlich unterlegen sind, um seine sexuellen Bedürfnisse zu befriedigen, oft verbunden mit offenem oder verdecktem Sado-Masochismus. Wie man weiß, sind die sexuellen Bedürfnisse und Ausdrucksformen äußerst vielfältig. Nur hat all dies mit Erotik meist wenig zu tun und steht im krassen Gegensatz zur Partnerschaft als dauerhafter Beziehung, wo eben doch Bewunderung, Achtung und Erotik in sehr viel subtilerer Form eine Rolle spielen als in der unmittelbaren sexuellen Befriedigung, die mit der Achtung oder Beachtung der Person wenig zu tun zu haben braucht.

16

## 3. Beispiel: eine ‹moderne› Frau

Für ‹Partnerschaft oder Nicht-Partnerschaft?› möchte ich eine Frau schildern, die wahrscheinlich sehr zeitgemäß lebt: sie hat sich geschworen, unabhängig zu bleiben; ihr Beruf bringt sie in viele Länder; sie spricht viele Sprachen, kommt mit unterschiedlichen Kulturen in Berührung und hat schon relativ früh — so mit 15, 16 — Beziehungen zu Männern aufgenommen. Eine kultivierte Frau also, intelligent, schnell im Erfassen von Zusammenhängen, was sie aber nicht hindert, gelegentlich, wenn sie sich im Ausland befindet, mit irgendwelchen Männern, die sie zufällig kennenlernt, flüchtige sexuelle Beziehungen anzuknüpfen. Dadurch hat sie sich nicht selten in erhebliche Gefahren begeben. Aber vielleicht gerade, weil sie so ungewöhnlich angstfrei war, hat sie relativ ungefährdet diese gefährlichen Situationen meistern können. Ihre Devise: Ich habe die Freiheit, meine Sexualität auszuleben, meine Ideale erlauben es mir nicht, von einem Mann abhängig zu werden.

Irgendwann einmal hat sie aber doch geheiratet — einen Mann, den sie liebte und der auch sie liebt, von dem sie aber verlangte, daß er ihr die Freiheit läßt, auch mit anderen Männern, wenn sie das Bedürfnis spürt, sexuelle Beziehungen einzugehen. Er hat es ihr zwar zugestanden, aber sie sind nach vielen Diskussionen übereingekommen, daß sie ihm möglichst nichts davon erzählen soll. Nach einiger Zeit trennte sie sich wieder von diesem Mann, weil sie dennoch das Gefühl hatte, die Ehe enge sie ein. Der Mann war todunglücklich, und weil sie große Sympathie für ihn empfand, schmerzte es sie sehr, ihm wehzutun. Sie ist keine oberflächliche Frau, sie ist nur eine moderne Frau, sozusagen.

Nun, das Schicksal will es, daß sie eines Tages einen anderen Mann kennenlernt, zu dem sie wiederum sagt: Meine Vorstellung von Partnerschaft ist die, daß jeder dem anderen die Freiheit läßt, eine sexuelle Beziehung oder Freundschaft mit jemand anders einzugehen, wenn er oder sie glaubt, sie eingehen zu müssen. Man wird da möglichst offen miteinander sein, aber das ist die Grundlage unserer Partnerschaft.

Ja, und dann holt das Schicksal sie ein. Plötzlich spürt sie, daß sie sehr eifersüchtig werden kann, wenn ihr Partner andere Beziehungen neben ihr hat. Sie ängstigt sich außerordentlich, wenn er abends nicht rechtzeitig nach Hause kommt oder wenn sie mal auf ihn warten muß. Sie stellt sich vor, was alles mit ihm passiert sein könnte. Ihre Angst steigert sich bis zur Panik. Es hat sich also plötzlich eine Abhängigkeit in ihr entwickelt, die ihr bisher völlig unbekannt war.

Im Laufe langer Gespräche mit sich und anderen ist ihr klar geworden, daß ihr Drang nach absoluter Unabhängigkeit und Freiheit, ihre Angstfreiheit, die sie in viele gefährliche Situationen brachte, etwas mit Kindheitserlebnissen zu tun hat. Ihre Eltern trennten sich frühzeitig, die Mutter war immer berufstätig, sie selber ist bei ihren Großeltern aufgewachsen. Sie war abhängig von der Mutter, die aber nur am Wochenende oder gar nicht zu ihr und den Großeltern kam. Sie hatte ihren Vater sehr geliebt, aber der war plötzlich verschwunden, und sie sah ihn nie wieder. Offensichtlich litt sie unter heftigen kindlichen Ängsten, unter den schmerzlich erlebten Abhängigkeiten und Trennungen, die es in ihrer Kindheit gehäuft gab. Mit zunehmendem Alter bäumte sich etwas in ihr auf, und sie sagte sich: Nie wieder! Nie wieder abhängig werden! Absolute Freiheit sich bewahren! Diese Schmerzen nicht noch einmal erleben! — Bis sie dann doch wieder in die Falle neuer Abhängigkeiten geraten war, nämlich von dem erwähnten Mann, den sie ganz für sich haben wollte, obwohl sie solche Gefühle bei sich und anderen verabscheute.

Jetzt ist der ursprüngliche, im Laufe des Heranwachsens unterdrückte Wunsch nach totalem Füreinander-da-Sein in einer Partnerschaft wieder aufgebrochen, und sie steht dem Geschehen recht hilflos gegenüber. Was aus ihrer Partnerschaft nun werden wird, ist noch nicht abzusehen. Bisher gestaltete sie sich, soweit ich es zu übersehen vermag, deswegen recht erfreulich, weil sie eine kluge Person ist, nichts Heuchlerisches an sich hat, sondern auch sich selber gegenüber zu einer ungewöhnlichen Aufrichtigkeit fähig ist. Dank ihrem guten Verstand und dem Vermögen, sich selbst wie den anderen subtil wahrzunehmen, ist sie für den Partner eine interessante, liebenswerte Person, und dieser Partner scheint nicht weniger von ihr abhängig zu sein als sie von ihm, eine Abhängigkeit offenbar, die intellektuell nicht einschränkt. Also, was daraus werden wird, wissen wir nicht. Interessant aber ist, daß wir hier eine Frau vor uns haben, die wie selbstverständlich sich vorbehielt, auch untreu sein zu dürfen — allerdings ohne von ihr aus den Partner zu betrügen, denn sie war immer offen, wenn sie fremdging. Interessant ist das darum, weil in der von doppelter Moral beherrschten bürgerlichen Gesellschaft es ja immer nur der Mann war, der sich eine oder mehrere Geliebte nehmen durfte. Aufrichtigkeit zwischen den Ehepartnern war ein Fremdwort.

### 4. Beispiel: die Enttäuschte

Ich denke an eine Frau, die ganz verschieden ist von der zuletzt beschriebenen. Sie ist relativ jung, hat sehr früh geheiratet, hat drei Kinder; ihr Mann war für sie der erste Mann. Sie stammt aus einer Familie, in der der Vater das Sagen hatte und die Mutter sich immer als Opfer eines autoritären, unterdrückenden und einfühlungslosen Patriarchen darstellte und es wohl auch war — von Partnerschaft keine Rede! Auch die Tochter litt unter dem autoritären Verhalten des Vaters, und sie schwor sich, einen Mann ganz anderer Art zu heiraten. Sie hatte frühzeitig unter sexuellen Übergriffen eines Onkels gelitten, was sie aber für sich behielt, weil es ihr zu peinlich war. Mit einem Vetter geschah Ähnliches, worüber sie ebenfalls schwieg, bis sie schließlich ihren Mann kennenlernte, einen einfühlenden, ihr freundlich gesonnenen Mann, den sie liebte und mit dem sie glaubte, glücklich zu sein. Eines Tages

20

entdeckt sie, daß ihr Mann ein Verhältnis mit einer anderen Frau hat. Sie fällt aus allen Himmeln. Er gibt es zu, und sie ist so tief verletzt, daß sie die Trennung vorschlägt. Er zieht zu seiner Freundin, und für seine Frau geht eine Welt unter. Sie sagt sich: So, jetzt mußt du auf eigenen Beinen stehen und niemals wieder jemandem völlig vertrauen. In der Folge nähern sich die beiden einander jedoch wieder, nehmen auch erneut sexuelle Beziehungen auf, sie wird nochmals schwanger, und sie ziehen wieder zusammen. Aber das absolute, fast kindliche Vertrauen ihrerseits, das vielleicht auch ein Stück weit zu viel vom anderen verlangte, stellt sich nicht wieder ein. Sie wird zunehmend selbständiger, interessiert sich für die Frauenbewegung, fängt ein Studium an — trauert aber im Grunde der glücklichen Zeit mit ihrem Manne nach. Die sexuellen Beziehungen zwischen den beiden werden schwierig, weil sie kritischer ist und ihn untergründig in manchem ablehnt, was auch er spürt. Sie ist eine, wenn man so will, in ihrem innersten Gefühl oft traurige Frau, aber sie ist nicht verloren. Sie zieht jetzt Frauenfreundschaften vor, ist sehr erfolgreich in ihrem Studium und im Beruf, aber nichts kann darüber hinwegtäuschen, daß diese Frau in ihren tiefen Abhängigkeitswünschen verletzt worden ist und nicht mehr wagt, eine neue abhängige Beziehung einzugehen. Was ihr zugestoßen ist, war sicherlich nur eine milde Variante des für das Bürgertum typischen fremdgehenden Mannes, der heuchlerisch den braven Familienvater spielt. Das ist hier nicht der Fall, denn sie belügen einander nicht. Aber man sieht doch, welche Rolle die Sexualität spielt, wie sehr sie sowohl binden wie zerstören kann. Das ist gewiß nichts Neues. Man beobachtet das Zerstörerische der Sexualität gerade auch bei Menschen, die versuchen, aufrichtig miteinander umzugehen. Ja, auch die Aufrichtigkeit — diese Art der Aufrichtigkeit — kann zerstörerisch sein, obwohl natürlich Heuchelei und Verlogenheit jedwede Beziehung — sofern sie überhaupt vorhanden war — zerstört.

In allen menschlichen, sexuellen Beziehungen steckt immer etwas von dem Verlangen, der Kontakt möge so eng sein und so wenig Enttäuschungen bringen, wie man sich das ursprünglich mit der Mutter gewünscht hat. Mit ihr gab es die erste erlebte, tiefe körperliche Beziehung, die an ihrer Brust und dem unmittelbaren Hautkontakt mit ihr erlebt wurde. Diese Symbiose mit der Mutter wird sich nur sehr partiell später in heterosexuellen oder in homosexuellen Beziehungen wiederbeleben lassen. Und wenn man von der Mutter besonders tief enttäuscht worden ist — im geschilderten Fall war dies ganz sicher so — und gleichzeitig nicht bereit ist, die gleiche Opferrolle anzunehmen, die man kritisch an der Mutter beobachtet hat, kann es in der Ehe oder Partnerschaft zu diesen tiefen Enttäuschungen kommen, über die die Frau in unserem Beispiel nie hinwegkommen konnte.

## 5. Beispiel: der Einzelgänger

Jetzt komme ich auf einen Mann zu sprechen, der — die Enttäuschung der frühen Kindheit spielt immer eine große Rolle — ein Einzelkind war mit einer Mutter, die zeitweilig ganz und gar auf ihn eingestellt schien, und einem relativ starren, nicht sehr kontaktfähigen, aber keineswegs bösartigen Vater. Das Interesse der Mutter konzentrierte sich zwar einerseits auf ihren einzigen Sohn, andererseits konnte sie ihm gegenüber plötzlich kalt und interesselos sein. Wenn etwa sein Vetter zu Besuch kam, konnte es vorkommen, daß die Mutter sich von ihm ab und diesem zuwandte und er, der ja als Einzelkind gar nicht an Geschwister gewöhnt war, eine unglaubliche Wut und einen Haß auf seinen Vetter entwickelte und ihm dessen schönstes Spielzeug zertrümmerte.

Wie sieht nun die Partnerschaft eines solchen Einzelkindes aus, das von seiner einerseits verwöhnenden, andererseits aber launischen und einfühlungslosen Mutter sehr verletzt wurde? — Als ein auf sich selbst bezogener Mensch, der er wurde, war er sehr verletzbar, konnte aber auch selber sehr verletzend sein und hatte dadurch erhebliche Beziehungsschwierigkeiten. Es dauerte lange, bis er es wagte, ein sexuelles Verhältnis zu einer Frau einzugehen. Er war schon älter, als er eine um einiges jüngere Frau kennenlernte, die entfernt mit ihm verwandt war und die er dann auch heiratete. Wenn auch ein narzißtischer, so war er doch auch ein differenzierter, gebildeter und kluger

Mensch. Das Ehepaar — so schien es — lebte soweit ganz gut miteinander, obwohl sich sexuell bald ziemliche Schwierigkeiten einstellten. Sie bekamen drei Kinder. Er als Einzelgänger, der er blieb, zog sich immer wieder auf sich und seine Arbeit zurück. Partnerschaft konnte er nur partiell ertragen. Zunehmend kam es zur Entfremdung zwischen den Ehepartnern. Seine Frau fühlte sich alleingelassen. Und so passierte es, daß sie sich in einen anderen verliebte. Die Entdeckung der Untreue seiner Frau war für ihn wohl mehr mit narzißtischer Kränkung verbunden als mit Trauer und Kummer. Seine Beziehung zu ihr war distanziert geblieben. Vor Nähe mußte er sich schützen. Schon dadurch verletzte er auch seine Partnerin, ohne daß er das so recht realisierte. Es war deswegen einfühlbar, daß seine Frau sich in einen anderen verliebte, der ihr mehr unmittelbare Wärme und Zuneigung geben konnte. Sie wäre dennoch gerne bei ihrem Mann geblieben. Doch er war so gekränkt, daß für ihn die eheliche Beziehung ein für allemal beendet war und er von sich aus die Trennung wollte. Er lebte später mit einer anderen Frau zusammen, die seine Rückzugsbedürfnisse auf Dauer auch nicht zu ertragen vermochte.

Neben uns allen bekannten Männern, die sich immer von neuem — fast zwanghaft — jüngere Partnerinnen suchen, gibt es eben auch diese Menschen — Frauen wie Männer —, die sich wegen ihrer übergroßen Verletzbarkeit — je verletzter ein Mensch ist, je rachsüchtiger, kränkender verhält er sich oft gegenüber anderen — immer mehr in ihr Gehäuse zurückziehen und dadurch dazu beitragen, daß sie auch die Partner verlieren, die sie um nichts in der Welt verlieren möchten. Ein Teufelskreis!

In unserem Fall lag es offensichtlich am schwierigen Verhalten des Mannes, daß sich seine Partnerinnen gelegentlich in ihnen gefühlsmäßig zugewandtere Männer verliebten, was wiederum ihn in seinem Stolz überaus verletzte. Dann kannte er nur eins: Rache und Abbruch der Beziehung. Doch erwies er sich nach mehreren Beziehungsabbrüchen als lernfähig. Eine spätere Partnerschaft durchbrach vermutlich das bisherige Verlaufsmuster, weil er sich sagte: Ich kann offenbar mit Menschen so nah nicht zusammenleben, wie das eine Ehe erfordert; wir verletzen uns unweigerlich gegenseitig. Also ist es besser, wir leben getrennt. Die räumliche Nähe einer ehelichen Partnerschaft möchte ich nicht mehr, sondern nur eine distanzierte.
— Und das hat dann offenbar soweit funktioniert.

Dieser differenzierte, intelligente Mann hatte viele Verehrer, aber das war eben keine Partnerschaft, sondern eine Beziehung, die auf Erhöhung seiner eigenen Person beruhte. Nicht zu Unrecht, denn es gab vieles, was man an ihm bewundern konnte, und er brauchte diese Bewunderung. Nur mit den Partnerschaften auf gleicher Ebene gab es große Schwierigkeiten.

*Wie ist das Verhältnis zu den Kindern in einer so schwierigen Ehepartnerschaft? Sie sagten, es gab drei Kinder.*

Ja, diese Kinder blieben bei der Mutter. Die Beziehung zu den Kindern war gut, wenn auch seinem Wesen entsprechend distanziert. Da gab es keinen absoluten Bruch, auch keine totale Verletzung.

## 6. Beispiel: die Schein-Lesbierin

Es handelt sich um eine Frau, die verheiratet ist und keine schlechte Beziehung zu ihrem Mann hat. Auch sie ist leicht verletzbar und leidet unter Gefühlen der Minderwertigkeit; viele Ängste plagen sie. Wenn man ihre Geschichte betrachtet, sieht man, daß in ihrem Leben die Freundschaft zu Frauen eine große Rolle gespielt hat. Sie kommt aus einem Elternhaus, wo die Mutter offensichtlich die stärkere Persönlichkeit war. Ihre Beziehung zu ihr scheint eine enge, fast symbiotische gewesen zu sein. Sie hat ihre Mutter sehr idealisiert. Noch bevor sie zur Schule ging, gab es eine ‹beste Freundin›, eine Freundschaft, die einige Jahre bestehenblieb. Später gab es eine weitere intensive Beziehung. Beide Freundinnen, etwa 16-, 17jährig, schwärmten für dieselbe Lehrerin. Beiden wurde langsam klar, daß es nicht nur die Fächer Literatur und Philosophie waren und die Gabe der Lehrerin, die Welt der Schülerinnen zu erweitern, sondern auch deren erotische Ausstrahlung, die für sie eine große Rolle spielte. Sie dachten Tag und Nacht nur an diese Lehrerin. Sexuelle Beziehungen gab es dennoch nicht. Aber — und das wurde ihr erst später klar — die Gefühle für jene Lehrerin waren durchaus erotisch geprägt.

Von der Mutter war sie schon sehr früh und über-ängstlich auf die Onanie angesprochen worden. So mit acht, neun Jahren, vielleicht schon früher, daran erinnerte sie sich nicht so genau, hatte die Mutter entdeckt, daß sie onanierte. Die Mutter war entsetzt. Das Kind wußte zwar gar nicht, daß es da etwas ganz Furchtbares tat, aber die Onanie wurde zu einem zentralen Gesprächsthema zwischen Mutter und Kind. Sie mußte der Mutter beichten, wann immer sie onaniert hatte — und jetzt erst kapierte sie, daß sie onanierte, da sie es ja beichten mußte. Sie litt unter unglaublichen Schuldgefühlen und versuchte, die Onanie zu unterdrücken, aber wie man weiß, geht das eine Zeitlang und dann geht es eben nicht, und so mußte sie wieder beichten, bis es zu einer Art Zwang wurde, ihrer Mutter diese ‹Sünde› zu beichten. Sie hatte seither das Gefühl, schlecht zu sein, sich selbst ruiniert zu haben. Das überschattete ihre Kindheit bei aller Liebe, die ihr die Mutter entgegenbrachte.

Diese Onanie-Problematik — die wahrscheinlich, so muß man annehmen, eine Problematik der Mutter war, die ihr Kind auf die unglücklichste Weise davor beschützen wollte — wie auch die unterdrückte, aber heftige Ambivalenz der Mutter gegenüber waren wohl die wesentlichen Ursachen für ihre Schuld- und Minderwertigkeitsgefühle, so daß sie sich als einen stigmatisierten Menschen erlebte. Erst in der Pubertät gelang es ihr zum ersten Mal, der Mutter etwas zu verheimlichen. Aber auch im späteren Leben konnte sie oft nur mühsam ihren Bekenntniszwang unterdrücken.

Dieses erste Verheimlichen-Können hat sie als unglaublichen Sieg über die Mutter empfunden, und sie lernte nun auch zu lügen, wenn die Mutter in sie eindrang. Die Fähigkeit lügen zu können, erlebte sie als Befreiung und den Beginn ihrer Unabhängigkeit.

Neben ihrer intensiven Beziehung zur Mutter spielten Frauenfreundschaften in ihrem Leben eine außerordentliche Rolle. Jene Freundschaft, die sie als 16-, 17jährige geschlossen hatte, dauerte über zehn Jahre, bis sie, relativ spät, eine intensive Beziehung zu einem Mann anfing. Zu Frauen hatte sie keine sexuellen Beziehungen, obwohl sie in seltenen Fällen meinte, durchaus erotische Gefühle Frauen gegenüber zu spüren. Verführungsversuche durch Frauen hatte es sicher gegeben, doch sie zeigte weder Mut noch Lust, darauf einzugehen. Aber die Freundschaft, dieses «durch dick und dünn gehen», wie wir es vorher besprochen haben, bestand vor allem mit ihrer Freundin, mit der sie Schulzeit und Studium gemeinsam verbrachte, bis eben ein Mann in ihr Leben trat und eifersüchtig dazu beitrug, die Freundschaft zu zerstören.

Die sexuellen Beziehungen spielen eben oft eine zerstörerische Rolle und durch sie können tiefe Freundschaften auseinanderbrechen. Diesem viel Sexualität fordernden Mann war sie mehr oder weniger verfallen, obwohl für sie, wie sie mir sagte, die sexuelle Beziehung zu ihm in keiner Weise befriedigend war. Er hat sie, was ihr erst später klar wurde, mit zahlreichen Freundinnen, auch mit ihrer Herzensfreundin, betrogen. Sie war ihm nicht eigentlich hörig, aber irgendwie hatte sie Mitleid mit ihm. Sie war erfolgreicher im Studium als er; er war viel krank und so fühlte sie sich wohl auch als die Stärkere. Was sie verblüffte, war — von seinen zahlreichen Untreuen wußte sie ja nichts —, daß er unglaublich eifersüchtig war. Guckte sie einen anderen Mann nur von Ferne an, dachte er schon, sie hätte was mit dem. Natürlich waren das Projektionen seinerseits, der selber so viel verheimlichte. Sie konnte diese Eifersucht, die einem Wahn nahe kam, nicht mehr ertragen und hat sich nach langen Jahren der Gemeinsamkeit von ihm, der auch durch unwahre, falsche Behauptungen die Freundschaft mit ihrer Freundin zerstört hatte, getrennt.

Was die Frau sehr beschäftigte, als sie zu mir kam, waren vor allem die Schuldgefühle darüber, daß sie sich ohne größeren Widerspruch die Freundschaft mit ihrer Freundin hatte zerstören lassen.

Um es zu wiederholen, die Freundschaft mit einer Frau war für sie verbunden mit dem Gefühl verläßlicher Partnerschaft, dagegen gab es in der heterosexuellen Beziehung kaum Gefühle der Partnerschaft, denn dazu gehörten Aufrichtigkeit ohne Bekenntniszwang und die Fähigkeit, den anderen respektieren zu können. Unter dem Gefühl der Unfähigkeit, in heterosexuellen Beziehungen auch Partnerschaft zustande zu bringen, litt sie noch, als sie zu mir kam. Obwohl sie eine recht gute Beziehung zu ihrem späteren Mann hatte, war es für sie sehr schwer, das stabile Gefühl von Einander-vertrauen-Können in einer heterosexuellen Beziehung aufzubauen.

*War das ihr zweiter Mann?*

Mit dem ersten Mann, von dem ich berichtete, lebte sie unverheiratet zusammen. Mit ihrem späteren Ehemann, mit dem sie auch Kinder hatte, war die Beziehung zwar gut, aber es kostete sie Mühe, dieses tiefe, partnerschaftliche Vertrauensverhältnis zustande zu bringen, wie es für sie in Freundschaftsverhältnissen selbstverständlich war. Sie glaubte nach wie vor, daß man wirkliche Partnerschaft nur mit Frauen erleben kann, mit Männern jedoch immer nur bis zu einem gewissen Grade. Und das, meine ich, ist nicht untypisch.

Die Sexualität — ob heterosexuell oder homosexuell — bringt in jede Partnerschaft leicht ein mißtrauisches Element; die Eifersucht, den Wahn, den Zwang, den anderen immer genau beobachten zu müssen, ob er einem auch treu sei. Es ist bekannt, daß viele Menschen zu einer intensiven Freundschaft eher fähig sind als dazu, Vertrauen in einer sexuellen Beziehung aufzubauen.

*Bei dieser Frau spielte ja auch die Beziehung Mutter/ Tochter eine große Rolle. Können erwachsene Kinder auch keine Partnerschaft zu ihrem Vater oder ihrer Mutter haben?*

Ja, wenn ich an dieses letzte Beispiel denke, so entstand später durchaus eine Art partnerschaftlicher Freundschaft zur Mutter. Natürlich muß eine solche

30

Mutter geistig beweglich bleiben und am Leben interessiert sein.

Im Normalfall sind wir bis zur Pubertät abhängig von der Mutter und nach der Pubertät beginnen wir die Mutter, den Vater natürlich auch, zu kritisieren und/oder zu entidealisieren. Wir entdecken, daß die Mutter und der Vater auch Schwächen haben, und körperlich werden sie auch tatsächlich schwächer. Ihre erwachsenen Kinder haben andere Vorstellungen, andere Lebenserwartungen als sie. Generationsunterschiede gibt es nun mal; die Wünsche und Phantasien sind mit zwanzig Jahren anders als mit vierzig, als mit sechzig oder als mit achtzig. Die Gleichberechtigung, auch in dem, was wir vom Leben erwarten, gibt es zwischen den Jüngeren und den Alten nicht, leider.

*Die sechs Beispiele aus Ihrem Bekanntenkreis oder aus Ihrer Praxis sind sehr aufschlußreich und demonstrieren eindrücklich die verschiedensten Schwierigkeiten einer zwischenmenschlichen Partnerschaft. Damit wir aber im Laufe unseres Gesprächs nicht aneinander vorbeireden, bitte ich Sie, erst einmal — rein wortgeschichtlich — die Bedeutung von ‹Partnerschaft› zu erläutern.*

Ich bin leider keine Sprachwissenschaftlerin. Aber nehmen wir einmal den Brockhaus. Dort steht unter ‹Partner›: Teilhaber, Genosse, Lebensgefährte, Mitspieler, Teilnehmer. Und Partnerschaft bedeutet: «Unter der Voraussetzung von sozialer Verschiedenheit und Ungleichheit ein soziales Prinzip für dennoch mögliche vertrauensvolle Zusammenarbeit zwischen Individuen oder Organisationen mit unterschiedlicher Zielsetzung, die ihre Ziele nur gemeinsam, allerdings bei entsprechender institutionalisierter Konflikt- und Kompromißregelung, erreichen können (z. B. Betriebspartnerschaft, Sozialpartnerschaft). Der Begriff Partnerschaft (englisch: partnership) wird auch zur ideologischen Verschleierung tatsächlicher Macht- und Abhängigkeitsverhältnisse verwendet, um bei dem unterlegenen Partner ein Wohlverhalten zu erreichen, das den Interessen des überlegenen Partners nützt.»

Unter Partnerschaftsfamilie steht: «In der modernen Industriegesellschaft ein sich immer stärker durchsetzender Typ der Familie, der sich durch einen emotional bestimmten Zusammenhalt, eine lockere Rollenverteilung nach Rechten und Pflichten und in wichtigen Entscheidungssituationen durch eine Gemeinsamkeit der Einflußnahme der Familienmitglieder auszeichnet.»

Bei Partnerwahl (Gattenwahl) heißt es: «Bezeichnung für die zwischengeschlechtlichen Wahl- und Entscheidungshandlungen, die einer Eheschließung bzw. Familiengründung vorausgehen und je nach Familien- und Eheideal sowie Normen und Wertvorstellungen einer Gesellschaft bestimmt wird.»

*Partnerschaft ist ein strapaziertes Wort. Was verstehen Sie persönlich, abgesehen von der offiziellen Erklärung im Lexikon, unter Partnerschaft?*

Kurz formuliert verstehe ich unter Partnerschaft eine Haltung, in der man versucht, dem anderen soviel zu geben, wie man selber von ihm oder ihr für sich erwartet. Ich könnte auch sagen: «Lerne mit Deinem Partner zu teilen.» Erst wenn man fähig ist — was vielen Menschen nicht gelingt —, sich selbst zu ertragen, wird es möglich sein, den anderen ohne allzuviel Neid und übermäßige Empfindlichkeit zu mögen. In einer Partnerschaft schaut man nicht zwanghaft darauf, ob genügend bzw. gleich viel zurückkommt, sondern man entwickelt ein Gefühl füreinander, lernt sich in die jeweiligen Möglichkeiten und Notwendigkeiten des anderen einzufühlen. Alle diese Dinge sind, sagen wir einmal, Vorbedingungen für eine zwischenmenschlich gute Partnerschaft.

### Gleichberechtigung

*Auf die Frage: Was ist Partnerschaft? habe ich die verschiedensten Antworten bekommen. Immer wieder angesprochen wurde der Aspekt ‹Gleichberechtigung›. Hat Ihrer Meinung nach Partnerschaft etwas mit Gleichberechtigung zu tun?*

Unbedingt. Ohne Gleichberechtigung kann Partnerschaft nicht gedeihen. Viele Männer haben Angst vor Feministinnen, weil sie glauben, Feministinnen wollten das Patriarchat durch ein Matriarchat ersetzen, in welchem dann nicht mehr die Frau, dafür aber der Mann unterdrückt werde. Das sind Männerphantasien und hat mit den Zielen der Frauenbewegung wenig zu tun. Die Frauen streben keine alleinige Herrschaft an, in der ein ‹Kopf ab› für den Mann gilt. Schon das Wort ‹Gleichberechtigung› sagt aus, daß es mit Herrschaftsbegriffen wie Matriarchat und Patriarchat nichts gemeinsam hat.

*Es braucht also eine Veränderung im gesellschaftlichen Denken, damit nicht nur eine Entwicklung der Partnerschaft, sondern auch das nötige Verständnis füreinander zustande kommt? Dauert das nicht etwas lange?*

Ja, wir müssen verstehen, daß dieses Streben nach Gleichheit erst eine junge Geschichte hat. Über Jahrtausende gab es nur Herren und Untergebene. Zumindest als Zielsetzung galt für die Französische Revolution das Ideal der Gleichheit, und damit, wenn man so will, auch der Partnerschaft. Sicher gab es vorher schon Wünsche nach Einfühlung des einen Geschlechts in das andere, aber ohne beiden Geschlechtern die gleichen Wünsche nach Glück und selbständiger Lebensgestaltung zuzugestehen. Erst die Französische Revolution und die Freiheitserklärung in Nordamerika können als die beiden historischen Ereignisse angesehen werden, seit denen Partnerschaft als erreichbares Ziel und Ideal überhaupt ins Auge gefaßt werden kann, das ‹Pursuit of happiness› für beide Geschlechter. Bedauerlicherweise fehlt in den wichtigen Leitworten der Französischen Revolution ‹égalité, fraternité, liberté› das Wort ‹sœurité› (Schwesterlichkeit). Im Code Napoléon wurden Rechte der Frauen, die ihnen schon zugestanden waren, wieder rückgängig gemacht.

*Ist das Bedürfnis nach Befreiung nicht erst relativ jüngeren Datums? In früheren Jahrhunderten haben Frauen doch sicher nicht bewußt an ‹Befreiung› gedacht?*

Es gab immer Frauen, die um ihre Freiheit kämpften. Aber vielleicht sollten wir definieren, was wir unter Emanzipation verstehen. Allgemein bezeichnet Emanzipation die Befreiung aus einem Abhängigkeitsverhältnis und hat nicht ausschließlich etwas mit der sozialen oder der gesellschaftlichen Situation der Frau zu tun. Heute bedeutet Emanzipation den Kampf um die Gleichstellung der Frau mit dem Mann, aber nicht nur Gleichstellung der Geschlechter, sondern Kampf um Gleichstellung überall dort, wo es Unterdrückung und Ausbeutung gibt.

**Emanzipation und westliche Aufklärung**

*Wir sprechen jetzt von einer Entwicklung in der westlichen Hemisphäre, die selbst dort nicht überall Wurzel geschlagen hat. Was ist denn nun das verbindende Element zwischen Partnern aus völlig anderen Kulturkreisen, Traditionen, sozialen Verhältnissen, die auch zum Teil anderen Religionsgemeinschaften angehören, wie beispielsweise dem Islam, Buddhismus usw., und unserer Idee von Partnerschaft?*

Ich bin ja nur in meiner Kultur zu Hause, aber ich kann mir offengestanden nicht vorstellen, daß ohne den weiten Weg über die westliche Aufklärung wirkliche Partnerschaft möglich ist. Vielleicht irre ich mich. In meiner Praxis erlebe ich aber, daß es in einer Partnerschaft nicht unbedingt auf die Rasse oder die Hautfarbe ankommt, vielmehr auf die individuellen Möglichkeiten, einander zu respektieren, einander verstehen zu wollen. Wenn man den andersfarbigen oder andersdenkenden Partner total umformen will, dann mag die andere Tradition, die andere Hautfarbe, die andere Religion das Zusammenleben schwierig oder unmöglich machen.

### Kinder und Arbeitsteilung

*In unserem Gespräch werden wir uns auf Länder unseres Kulturkreises beziehen, wenn wir von Partnerschaft reden. Und vielleicht sollten wir uns erst einmal auf Partner ohne Kinder beschränken; mit Kindern verändert sich doch schon wieder Grundlegendes?*

Ich glaube das eigentlich nicht. Das Wesentliche innerhalb einer Partnerschaft besteht ja nicht im mathematisch genauen Aufteilen von häuslichen Aufgaben. «Du erledigst 50 Prozent der Hausarbeit, und ich erledige die anderen 50 Prozent.» Dies kann kaum funktionieren. Für das Aufteilen der häuslichen Aufgaben bin ich zwar sehr. Ich bin auch nach wie vor der Ansicht, daß sich Väter, die sich von früh an um die

36

Kinderpflege gekümmert haben, besser in die Kinder einfühlen können, daß diese Kinder sich auch anders mit dem Vater identifizieren und damit auch mit den bisher als männlich angesehenen Rollen. Aber die Aufgaben werden sich nicht nach einem mathematisch errechneten Schlüssel aufteilen lassen.

*Das bedeutet dann aber, daß jeder ein Stück weit an seinen Karrierewünschen Abstriche machen muß? Es ist doch möglich, daß die Frau oder der Mann Karrierechancen bekommt, die sie oder er auf keinen Fall verpassen möchte?*

Die traditionelle gesellschaftliche, häusliche und psychische Arbeitsteilung zwischen den Geschlechtern muß sicherlich in Frage gestellt und aufgebrochen werden. Bis dies ins allgemeine Bewußtsein gedrungen sein wird, mag es noch viele Konflikte zwischen Mann und Frau, zwischen Beruf und Familie geben. Schwierig wird es, wenn beide Partner ihre beruflichen Karrieren im gleichen Sinne auffassen, der eine konzentrierte, zeitaufwendige außerhäusliche Arbeit verlangt. Das braucht sehr viel Kraft und Energie, so daß kaum Zeit übrigbleibt, auch im Haus oder in der Kindererziehung mitzuwirken. Wenn beide Partner diese Art von Karriere anstreben, müssen sie sich wohl die Frage stellen, ob es für sie Sinn hat, Kinder in die Welt zu setzen, oder ob sie besser darauf verzichten. Faktisch ist das aber keineswegs immer der Fall. Es gibt beruflich aktive Frauen, wie zunehmend auch

Männer, für die es sehr wichtig ist, auch für ihre Kinder da zu sein, sich für sie einzusetzen, eine tiefergehende Beziehung zu ihnen zu entwickeln. Karriere läßt sich denn auch nicht nur außerhäuslich, gesellschaftlich und beruflich definieren. Aus der Fähigkeit, Karriere unterschiedlich zu definieren, kann eine Partnerschaft besonderer Art erwachsen, selbst wenn der eine wesentlich mehr an häuslichen Arbeiten übernimmt als der andere. Wichtig ist, daß man sich darüber einigt. Denn Partnerschaft heißt auch, sich gegenseitig den individuellen Verhältnissen und Bedürfnissen anzupassen. Was die Gesellschaft bisher an Partnerschaft zugelassen hat, kann sich ändern. Es gibt nicht wenige Männer, die gern mehr zu Hause bei den Kindern bleiben würden, wenn die gesellschaftlichen Verhältnisse es ihnen nur erlaubten.

*Es braucht also eine Veränderung im gesellschaftlichen Denken, damit eine Entwicklung zustande kommt, die Partnerschaft für eine Mehrheit ermöglicht?*

In der Tat. Es braucht die gleichen Rechte und Möglichkeiten für Frau und Mann, sich frei zu entscheiden, wer die außerhäusliche berufliche Karriere einschlägt, wer sich verantwortlich fühlt für Hausarbeit und Kindererziehung — oder ob Frau und Mann sich sowohl im häuslichen Bereich wie in bezug auf Existenzsicherung oder Karriere in die Aufgaben teilen wollen. Ich glaube, wir könnten ganz schöne Überraschungen erleben. Voraussetzung ist natürlich auch, daß im Individuum, ob männlich oder weiblich, das verinnerlichte, anerzogene traditionelle Denken wandlungsfähig ist.

## Partnerschaft bei Tieren

*Partnerschaftliches Verhalten — wäre das nicht eigentlich das Natürliche? Wenn ich an die Tiere denke, die kennen ja auch eine Art Partnerschaft, wie beispielsweise der Strauß oder der Pinguin oder der Storch u. a. Das Weibchen legt die Eier und verschwindet, um sich zu ernähren, während das Männchen weiter brütet, bis sie wiederkommt und er sich sein Futter suchen kann.*

Nun ja, nur glaube ich, daß zwischen Tier und Mensch ein so großer Unterschied besteht, daß wir die tierischen Verhaltensweisen nicht zu Vergleichszwecken heranziehen können. Wenn wir von Partnerschaft sprechen, dann sprechen wir von einer individuellen und gesellschaftlichen Entwicklung, die mit Instinkt wenig zu tun hat, während Tiere instinktmäßig festgelegt sind; ihr Verhalten hat mit einer historisch-gesellschaftlichen Entwicklung wenig zu tun.

*Ist Partnerschaft eigentlich zweckdienlich, also eine Verbindung, die nicht nur mit dem Herzen, sondern mit dem Verstand geschlossen wird?*

Ja, das würde ich schon meinen.

*Und wie ist das mit der Freundschaft?*

Sie meinen, Freundschaft beruht ausschließlich auf Liebe und Zuneigung?

*Ich denke, ein Freund ist jemand, auf den man sich verlassen kann, der zu einem steht, wenn man in eine Notlage gerät, wenn man einen Rat braucht. Ist ein Partner hingegen nicht eher jemand, mit dem man zusammen zielsicher etwas aufbaut?*

Ich würde sagen, es kommt darauf an, wie man das Wort ‹Partner› definiert. Früher haben die sogenannten ‹oberen› Klassen fast nur zweckdienlich geheiratet, um das Geschäft zu erweitern, um ihre Macht zu vergrößern, um eine Vorrangstellung zu erzielen oder zu erhalten, aber Partnerschaft in unserem Sinn von Gleichberechtigung und von Teilen, das gab es wohl nicht. Eine Partnerschaft im rein geschäftlichen Sinne — aber darauf wollen wir ja nicht so genau eingehen —, da braucht es nur ein loyales Verhalten einander gegenüber und kein gefühlsbetontes Auf-den-anderen-Eingehen. Da kommt es vor allem auf die gleichen geschäftlichen und beruflichen oder auch familiären Interessen an.

*Heute brauchen wir aber das Wort ‹Partnerschaft› immer mehr im gesellschaftlichen Bereich. Der Begriff*

*‹Sozialpartnerschaft› ist allgemein eingeführt und steht*
*für eine lange Entwicklung, die vom Feudalsystem zu*
*mehr Gleichheit unter den Mitgliedern eines politisch-*
*wirtschaftlichen Systems geführt hat. Von Partnern*
*sprechen wir aber auch im Sinne von ‹Wohnungspart-*
*nern›. Partnerschaft als Begriff ist also nicht nur für die*
*Umschreibung einer Zweierbeziehung reserviert. Aber*
*denken wir an die Bedeutung des Wortes ‹Partnerschaft›,*
*so liegt in allem der Kern von Gleichberechtigung und*
*Teilhaben. Was aber ist es denn, woran wir teilhaben?*

## Teilen

Jedermann weiß, daß Partnerschaft gerade dort nötig
ist, wo soziale Voraussetzungen Ungleichheit bedeuten. Partnerschaft bedeutet dann, daß man gemeinsam
versuchen will, die Ungerechtigkeit zumindest zu mil-
dern, auch und vor allem die zwischen den Geschlechtern. Partnerschaftlich miteinander zusam-
menzuarbeiten und soviel Gerechtigkeit wie möglich
in einem wechselseitigen Verhältnis zu erreichen, ist
nicht einfach. Vor allem dann nicht, wenn man kein
persönliches Verhältnis zu demjenigen hat, mit dem
man teilen muß. Man denke nur einmal an die Schwierigkeiten mit der Partnerschaft zwischen Ost- und
Westdeutschland, von den weiter entfernt liegenden
Ländern ganz zu schweigen.

*Das gäbe eine endlose, interessante Diskussion, aber*
*beschränken wir uns auf die mitmenschliche Beziehung*

*von Partnern, auf die Beziehung von zwei Menschen*
*also, die gewillt sind, zusammenzuleben, ob innerhalb*
*oder außerhalb der Ehe. Wo liegen hier ihre Möglichkei-*
*ten, ihre Grenzen?*

Kommen wir noch einmal zurück auf das Wort ‹teilen›. Wir sprechen von teilen, wir sprechen von einfühlen, und wir sind uns, glaube ich, klar darüber, daß
teilen und vor allem einfühlen auch von kulturell und
gesellschaftlich ähnlichen Voraussetzungen abhängen.
Wie schwierig sich nach nur 45jähriger Trennung Teilen und Einfühlen zwischen Ost- und Westdeutschland
gestalten, erleben wir gerade, obwohl in offiziellen
Reden und in so gut wie allen Medien über viele Jahre
nichts so herbeigesehnt wurde, wie die Wiedervereinigung der getrennten Deutschen.

## Sexualität als Störung

*Eine junge Frau, deren Freundschaft zu dem Mann, mit*
*dem sie zusammenlebte, auseinandergebrochen ist,*
*sagte mir: «Leider waren wir nie Partner, wir waren nur*
*Freunde. Ich habe andere, entferntere Freunde, mit de-*
*nen ich keine sexuellen Beziehungen habe, mit denen*
*mich keine Liebe verbindet, aber die ich als außeror-*
*dentlich gute Partner schätze, mit denen könnte ich*
*durch dick und dünn gehen.» Ich war recht verblüfft und*
*habe so für mich gedacht, ja, muß denn nicht in eine*
*Freundschaft zwischen Mann und Frau auch der part-*
*nerschaftliche Gedanke hineinkommen?*

Das kann, braucht aber nicht zu sein. Wenn ich diese junge Frau recht verstanden habe, dann handelte es sich bei ihrer Freundschaft auch um eine sexuelle Beziehung. Sexualität aber bringt in jede Freundschaft etwas ein, was in einer Freundschaft, die mit Sexualität nichts zu tun hat, keine Rolle spielt. Mit Sexualität kommt Eifersucht, kommt Neid. In einer reinen Freundschaft, bei der die Sexualität kein Faktor ist, kann natürlich auch Neid und Eifersucht eine Rolle spielen. Neid — vielleicht mehr als alles andere — macht Partnerschaft unmöglich oder kann eine bestehende Partnerschaft zerstören.

Sobald eine Beziehung auch eine sexuelle ist, besteht immer die Gefahr einer sexuellen Untreue mit ihren Schmerzen und Kränkungen. Man wird eifersüchtig, verfolgt den anderen — wem guckt er oder sie nach, hat er oder sie mit einer/einem anderen etwas — da kommen mit der Sexualität unmittelbar zusammenhängende, sehr starke Affekte in eine Freundschaft hinein. Ohne die Intensität der Triebe — Triebbefriedigung oder Triebenttäuschung und die damit zusammenhängenden starken Emotionen — kann eine Freundschaft von Störungen freier sein. Also kann jene junge Frau mit den entfernteren Freunden natürlich leichter partnerschaftlich umgehen.

*Aber Eifersucht gibt es ja nicht nur in einer Freundschaft, in der Sexualität eine Rolle spielt. Eifersucht kann in jedem Fall zum Störfaktor werden.*

Sicherlich, wenn auch wohl nicht in dem Ausmaß. Natürlich, wenn man Kinderfreundschaften betrachtet oder sich an die eigenen Frauenfreundschaften erinnert, auch da gab oder gibt es Eifersucht. Aber die Eifersucht als Affekt, der bis zum Mord führen kann, die ist doch eher in der sexuellen Beziehung zu Hause.

*Welches sind die Eigenschaften, die Partner in einer Zweierbeziehung haben müßten? Bedeutet Partnerschaft nicht auch gegenseitig das Aufgeben einer gewissen Freiheit?*

## Partnerschaft erleichtert das Teilen

Ich würde denken, jede Zweierbeziehung, jedes Teilen und Teilhaben ist schwierig. In einer Zweierbeziehung wird es oft dadurch erleichtert, daß man gemeinsame Interessen hat und sich eigentlich als Einheit fühlt. Man tut sich ja zusammen, um gemeinsam stärker zu sein. Sagen wir mal, eine Frau möchte nicht allein bleiben. Sie entscheidet sich, mit einem Mann zusammenzuleben — vielleicht gefällt er ihr gar nicht so besonders, aber sie geben sich gegenseitig einen Halt, können vielleicht sicherer auftreten und gemeinsam ein Ziel erreichen. Mit seinem Partner teilen zu müssen, ist doch etwas anderes als mit Menschen, die nicht in der einen oder anderen Weise ein Teil von einem selber sind. In gewisser Weise gilt natürlich für jede Beziehung, daß man den anderen in Grenzen als einen

Teil von einem selber erlebt und deshalb, wenn man etwas für den anderen tut, es gleichzeitig auch für sich tut. Es ist leichter, mit dem Partner zu teilen als mit Menschen, deren Macht nicht auch eigene Macht ist, deren Vorteil nicht auch eigenen Vorteil bedeutet. Etwas anderes ist es, mit Menschen zu teilen, die man nicht kennt; das tut man in einem erweiterten Sinn dann nicht für sich, sondern da muß man wirklich etwas abgeben. Das spielt nicht nur in den Schwierigkeiten zwischen Ost- und Westdeutschland, sondern vor allem in der Unfähigkeit, der Dritten Welt zu helfen, in der Fremdenfeindlichkeit, der abweisenden, oft gewalttätigen Haltung den Asylsuchenden gegenüber eine große Rolle. Der andere, der Fremde muß verteufelt werden, damit man mit Recht glaubt, fordern zu können: ‹Deutschland den Deutschen›. Wobei dann sehr leicht vergessen wird, wie leicht sich die Deutschen wieder in ‹Ossis› und ‹Wessis› aufteilen, wenn es ums ‹Abgeben› geht. In einer Zweierbeziehung teilen zu können, mag auch Egoismus sein, der im schlimmsten Falle sich darin offenbart, den jeweilig anderen als seinen Besitz zu betrachten. Wie es den Egoismus à deux gibt, so natürlich auch den Gruppenegoismus — ‹Deutschland den Deutschen› als aktuelles Beispiel.

### Spielregeln

*Nehmen wir mal an, zwei Menschen möchten sich zusammentun. Der eine ist ein starker Raucher, der andere*

45

*ein erklärter Nicht-Raucher; der eine hört gern laute
Musik, während der andere klassische Musik bevorzugt. Der eine schweigt, der andere redet gerne. Aber
trotz der Verschiedenheit haben sie eine große Anziehungskraft füreinander und sie sehen im anderen vieles,
was ihnen gefällt. Kann das gut gehen? Sollten Partner
ihre Neigungen nicht genau überprüfen, bevor sie sich
zusammentun, damit eine Partnerschaft funktionieren
kann?*

Sie spüren, sagen Sie, eine große Anziehungskraft, aus
welchen Gründen auch immer, füreinander. Da ist
also das Gefühl sehr stark beteiligt, während ‹Das-
sich-vorher-klar-Werden› eine Sache des Verstandes
ist. In dem Moment, wo Gefühle schon eine starke,
affektive Beteiligung des einen am anderen erweckt
haben, ist es nicht mehr möglich, so rein verstandes-
mäßig zu handeln. Aber immer spielt eben die Bereitschaft eine Rolle, dem anderen soviel zu geben, wie ich
es für mich von ihm erwarte, dem anderen soviel
Freiheit, soviel Respektierung seiner Eigenart zuzubil-
ligen, wie ich es für mich von ihm erhoffe. Sie haben
mich gefragt, ob Partnerschaft überhaupt möglich ist,
und ich würde es in diesem Sinne bejahen, wenn beide
Partner gewisse Spielregeln einhalten und der eine
nicht versucht, den anderen nach seiner Vorstellung
umzuformen und über ihn zu dominieren. Das läßt
sich natürlich auch auf die Partnerschaft von größeren
Gruppen übertragen.

*Wir sprechen hier aber von einer Partnerschaft von Individuen, bei der Sexualität mitspielt.*

Partnerschaft im Sinne von täglichem Zusammenleben, die gibt es natürlich auch zwischen zwei Frauen oder zwei Männern. Solche Partnerschaften sind meist nicht mit so starken Affekten konfrontiert, wie wir schon erwähnten — vorausgesetzt, die gleichgeschlechtlichen Partner sind nicht homosexuell. Ohne die gegenseitige triebhafte Anziehungskraft kann man natürlich viel distanzierter und vernünftiger miteinander umgehen. Wir mögen einander, und wir mögen nicht allein sein, also ziehen wir halt zusammen. Man muß sich dann halt arrangieren, obwohl natürlich auch in einer solchen Partnerschaft wieder andere Schwierigkeiten entstehen können. Sobald die Sexualität nicht mitspielt — weder heterosexuelle noch homosexuelle — werden verstandesmäßige Überlegungen überwiegen, bevor man sich entschließt, zusammenzuziehen.

*Jemand stellte mir die Frage: «Wieviel Energie und Überlegung muß ich investieren, wenn ich eine Partnerschaft eingehen möchte?» Erst war ich perplex, dann sagte ich: «Ja, in jede Beziehung zu einem anderen Menschen, also auch in eine Partnerschaft muß man Energie und Zeit investieren.» Stimmt das?*

Natürlich, will man zu zweit zusammenleben, muß man auf den anderen Rücksicht nehmen, auf den anderen eingehen, und das erfordert Energie. Lebt man allein, dann kann man, beispielsweise, alles in der Wohnung stehen und liegen lassen, seine Zeit einteilen, wie es einem gerade gefällt. Aber die wenigsten Menschen sind gern allein.

*Sie haben einmal gesagt, die persönliche Freiheit, das Sich-nicht-eingeengt-Fühlen sei wichtig in einer Zweierbeziehung. Aber bedeutet Partnerschaft nicht doch in gewisser Hinsicht, daß jeder ein Stück seiner Freiheit opfert, oder bildlich gesprochen, jeder Partner legt ein Stück seiner Freiheit in die gemeinsame Kasse und erhält dafür als Gegenwert das partnerschaftliche Mitspracherecht?*

## Rückenstärkung

Ja, ich weiß nicht so recht, was ich unter partnerschaftlichem Mitspracherecht verstehen soll. Natürlich geben beide Partner einen Teil ihrer Freiheit auf, sobald sie sich aneinander binden. Bindung und völlige Freiheit widersprechen sich, aber man bekommt dafür vielleicht ein Gefühl der Stärke, der Zuneigung und Liebesfähigkeit zurück. Und wie ich schon sagte, gibt man ja nicht seine ganze Freiheit auf, vor allem nicht sein Selbst, seine Eigenständigkeit. In der Gemeinsamkeit fühlt man sich der umgebenden Gesellschaft, der Außenwelt gegenüber meist stärker. Zu zweit tritt man in einer Gesellschaft stärker auf als allein. Das ist allgemein bekannt. Ich glaube, es werden sehr viele Ehen, sehr viele Partnerschaften aus diesem Grund geschlossen. Es gibt viel mehr Menschen, als wir glauben, Frauen noch mehr als Männer, die höchst ungern allein zu einer größeren Einladung gehen, allein ein Konzert besuchen, allein zu einem Vortrag gehen, allein einen Kurs mitmachen, allein ein Lokal betreten. Man muß sich zwingen zu denken, was gehen mich die anderen an. Und daran ist unsere Gesellschaft nicht unschuldig! Tritt man hingegen in einer Gesellschaft oder wo auch immer zu zweit auf, so ist es ganz klar: Man hat eine Rückenstütze.

*Ist das nicht besonders typisch für die Frau — diese Unsicherheit, beispielsweise allein in einem Lokal? Ich glaube, einem Mann, der ein Lokal allein betritt, dem ist das völlig gleichgültig, ob die Leute ihn anstarren — und abgesehen davon, starren ihn die Leute auch nicht so an wie eine Frau, die allein ist. Die wird von allen, Männern wie Frauen, gemustert: was hat sie an, wie bewegt sie sich, fühlt sie sich sicher oder unsicher, kann man vielleicht mit ihr anbändeln.*

Man darf nicht vergessen: über Jahrhunderte war es ganz und gar unmöglich, daß Frauen allein in eine Wirtschaft gingen. Das Gefühl von Unsicherheit bei einer Frau, die allein ist, ist also nicht typisch weiblich,

sondern ist der Ausdruck einer Art von Rollenverteilung, die über Jahrtausende geherrscht hat und leider
noch heute vorherrscht. Glücklicherweise ändert sich
das allmählich, nur leider viel zu langsam.

### Distanz

*Im heutigen Trend der Emanzipation, der Selbstver-
wirklichung macht sich noch eine andere Art von Partnerschaft bemerkbar: die Partnerschaft à distance. Die
Partner mögen sich sehr, aber sie wollen nicht mehr
räumlich zusammenwohnen und den Alltag miteinander
teilen, aus welchen Gründen auch immer. Ich spreche
hier nicht von beruflich bedingter Trennung, sondern
von freiwillig gewählter Distanz. Ist dies ein Selbst-
schutz aus Egoismus?*

Schwer zu sagen — vielleicht eine kluge Einsicht, daß
durch eine gewisse Distanz, Partnerschaft und
Freundschaft besser durchzuhalten sind, daß mehr
Freiheit und gegenseitige Anregung für beide bleiben.

*Und noch die Zusatzfrage: Besteht echte Partnerschaft
nicht gerade darin, daß man die Alltagsprobleme miteinander diskutiert und sich damit auseinandersetzt?*

Das kann man auch, wenn man nicht zu nah aneinander klebt.

*Erstaunlicherweise bin ich Menschen begegnet, die sag-*

*ten, Partnerschaft sei nichts anderes als ein interessantes Duell. Ein Mann erklärte, im Bett sei seine Partnerin eine Perle, aber ansonsten würden sie täglich miteinander duellieren und sehen, wer die Oberhand behalte. Ist das noch Partnerschaft?*

Partnerschaft bedeutet teilen oder teilhaben, also sollte sie kein Duell sein, kein Kampf einer gegen den anderen. Obwohl ein solches Duell auch ein Ritual für eine bestimmte Form der Partnerschaft sein kann, das diese für beide wichtig und interessant macht. Aber es kann ja auch sein, daß man sich zusammengetan hat, um mit Hilfe des anderen etwas zu erreichen. Und wenn er oder sie einem das nicht ermöglicht, dann wendet man sich plötzlich gegen diesen Partner, mit dem man ja nicht teilen will, sondern dessen Stärke man benützen möchte. Das ist dann allerdings keine Partnerschaft.

### Machtspiele

*Innerhalb einer Beziehung von Machtausübung und Unterordnung — woher kommt es da, daß es Menschen gibt — Frauen und Männer —, die diese Rollenverteilung von Dominanz und Unterwürfigkeit eigentlich suchen? Hat das etwas mit der Tradition (bei Frauen) zu tun, oder ist es naturbedingt? Oder eine bloße Show zur Verschleierung der Tatsache, daß der sogenannt unterlegene Teil in Wirklichkeit herrscht?*

Mit diesem Problem beschäftigen sich zahllose Werke

der Literatur und Psychologie. So hat auch Beckett in ‹Warten auf Godot› dargestellt, wie der Sadist oder der Dominierende, der Herr also, sich darüber beklagt, daß der Sklave sich unterdrücken läßt und damit ihn, den Herrn, von sich abhängig macht, ihn auf eine masochistische Weise — das gar genießend — unterdrückt. Das sind psychologische Faktoren, die oft dargestellt wurden und mit denen sich die Psychoanalyse sehr intensiv beschäftigt: Es gibt Menschen, die es sexuell genießen, andere zu quälen, und es gibt vielleicht genauso viele, die es genießen, gequält zu werden. Auch in einer nicht unmittelbar sexuellen, aber vielleicht doch leicht erotisierten Beziehung zwischen zwei Menschen oder auch überhaupt zwischen Menschen gibt es immer die Neigung, entweder zu dominieren oder dominiert werden zu wollen. Die Gesellschaft hat daraus Nutzen gezogen — vor allem die männliche Gesellschaft — und hat gesagt, die Sklaven genießen es, Sklaven zu sein und unterdrückt zu werden. Die Frauen genießen es, von den Männern dominiert zu werden. Sie wollen es gar nicht anders. Dieses Denken ist natürlich sehr gefährlich, denn es funktioniert die von Menschen hergestellten gesellschaftlichen Verhältnisse zu Naturkonstanten um. Eine Sicht der Dinge, die überhaupt nicht der Realität entspricht. Und wenn es dann noch heißt, die Armen genießen ihre Armut, während die Reichen einem leid tun können, denn Geld macht ja nicht glücklich, dann wird die ganze Sache absurd: Der Herrscher wird als Opfer gesehen, und das Opfer, der Unterdrückte, als der Täter. Nicht unähnlich wird heute, zur Zeit der neuen Pogrome, mit den Fremden und Asylsuchenden umgegangen.

*Worin gründet denn dieses Verhalten gegen ein partnerschaftliches Denken?*

## Die zweite Natur

Man möchte antworten: das ist offenbar die Natur des Menschen. Im Grunde sind und bleiben alle Nazis. Aber im Ernst: es darf nicht vergessen werden, daß es während Jahrtausenden eine dünne Schicht von Herren gab, denen ein riesiges Heer von Sklaven gegenüberstand. Und wenn es nicht geradezu Sklaven waren, so waren es weitgehend Unterdrückte. Diese Tatsache hat mit Psychologie und verinnerlichten Wünschen der Menschen nichts zu tun. Mit Wünschen hat es lediglich insofern zu tun, als Menschen, die die Möglichkeit hatten zu herrschen und andere zu unterdrükken, diese Möglichkeit auch sehr gerne ergriffen.

*Hat das nicht doch mit der menschlichen Natur zu tun: die schnelle Bereitschaft, andere zu beherrschen?*

Was immer die menschliche ‹Natur› ist. Es gibt sie sicherlich, diese ‹erste Natur›, aber sie ist doch so beherrscht und durchsetzt von menschengemachter ‹zweiter Natur›, daß sie schwer herauszukristallisieren ist. Wenn wir unsere Geschichte betrachten, so war es jeweils eine bestimmte Familie oder Gesellschafts-schicht, die in der Lage war zu herrschen. Und das war abhängig von vielen Umständen. Daß man als Königssohn geboren wurde und infolgedessen wieder ein Herrscher war, das hatte ja nichts mit der Natur zu tun. Auch die früheren Demokratien waren keine Demokratien im Sinne unseres heutigen Verständnisses. Nebenbei: auch unsere heutige Demokratie ist natürlich vor allem eine Demokratie der Männer. Das Herrschaftsprinzip war seit jeher eminent wichtig, und abgesehen von wenigen historischen Ausnahmen gehörten die Frauen überall zu den Schwachen, Unterdrückten. Krieg, Gewalt war Sache der Männer. Auch an den Pogromen der Gegenwart beteiligen sich fast nur Männer, zumindest was die direkte Gewalt betrifft. Zustimmung für solches Verhalten kommt leider auch von Frauen. Dennoch: Untersuchungen haben ergeben, daß Frauen deutlich seltener als Männer rechtsextrem wählen.

### Hörigkeit

*Wir haben über Dominanz und Unterwürfigkeit gesprochen. Wenn sich nun zwei Menschen wohlfühlen in den entsprechenden Rollen, sollen sie dann trotzdem ihre abhängige Freundschaft zueinander aufgeben, also bewußt einen neuen, gleichwertigen Partner suchen, mit dem das Hammer/Amboß-Prinzip keine Rolle mehr spielt?*

Wenn zwei Menschen sich in einer Situation wohlfühlen, in der der eine herrscht und der andere unterdrückt wird oder, wie Sie es nennen, der eine Hammer ist und der andere Amboß, dann werden sie naturgemäß oder aus Bequemlichkeit oder aus Gewohnheit kaum etwas ändern, sondern in den entsprechenden Rollen verbleiben wollen, die sie offenbar genießen.

*Hier möchte ich aber etwas nachfragen: Wenn diese Menschen sich zwar mehr oder weniger wohlfühlen, aber doch durch Reaktionen ihrer Umgebung und beeinflußt durch die Zeitströmung zur Meinung kommen, diese Rollenzuteilung von Unterwürfigkeit und Anordnen gehöre sich heute nicht mehr, müßten sie dann nicht aus vernunftmäßiger Einsicht versuchen, ihre Einstellung zu ändern?*

Ich fürchte, daß wir mit ‹müssen› und ‹sollen› hier nicht weiterkommen. Und ich glaube auch, daß Vernunft nur dort möglich ist, wo man sich ein Stück weit von seinen Gefühlen zu distanzieren vermag. Sonst bleibt es ein schöner Wunsch, den man zwar dem Partner nahebringen kann, aber konsequent auszuführen nicht die innere Kraft und nicht das echte Bedürfnis haben wird, da man mit seinem Gefühl so stark an den anderen gebunden ist. Erst wenn einer von beiden sich nicht mehr wohl fühlt, sich und seine ‹Partnerschaft› selbstkritisch in Frage stellt, erst dann wird man darüber reden können. Allerdings, in bezug auf die psychologischen Verhältnisse eines Menschen bei Partnerschaft, Freundschaft oder ähnlichem Worte zu gebrauchen wie ‹sollen› und ‹müssen› ist gefährlich und führt nicht weiter. Persönlich würde ich nie einem Menschen Ratschläge erteilen — man kann Gespräche führen, Wege aufzeigen, zuhören, aber nie einen anderen überreden oder gar nötigen, eine Entscheidung zu fällen. Natürlich kann es bei der geschilderten Form von Partnerschaft, sei es in der Ehe oder in der Freundschaft, plötzlich beim einen Partner zu einer Explosion kommen. Sie oder er löst sich, zieht sich zurück und versucht den Weg der Selbstverwirklichung oder versucht ‹die eigene Identität› zu finden. Es muß nicht sein, aber es passiert natürlich oft.

### Gleichheit?

*Kürzlich habe ich einen Chefredakteur sowie einen jüngeren Fotografen und Filmemacher gefragt: Ist Partnerschaft möglich? Die Antwort des Redakteurs kam wie aus der Pistole geschossen: «Nein, zwischen Frau und Mann ist das nicht möglich, weil Liebe gegen Partnerschaft spricht.» Der junge Fotograf meinte nachdenklich: «Vielleicht unter gewissen Umständen.»*

Die Antworten dieser beiden Männer widerspiegeln das, was sie unter Partnerschaft verstehen. Offenbar dachten beide an so etwas wie Gleichberechtigung. Und mit Gleichberechtigung meinen sie, daß jedem der beiden Partner das genau gleiche Recht zustehen sollte, also jeder soundsoviele Stunden für die Kinder sorgen, im Haushalt tätig sein sollte. Beide Männer meinen also, Partnerschaft bedeute die genau gleichen Pflichten, Rechte und Verhaltensweisen für die Partner. Eine solche ‹Gleichberechtigung› aber ist für Individuen nicht möglich, sondern es kommt immer darauf an, welche Talente der eine hat, wofür der eine mehr begabt ist, wozu sie oder er mehr Neigung hat, was ihr oder ihm aufgrund ihrer gesamten Ausbildung und Entwicklung mehr zusagt oder gar eine Selbstverständlichkeit ist. Partnerschaft im Sinne absoluter Gleichheit wird es nie geben, dafür aber Absprachen miteinander, wie man die weniger lustbesetzten Arbeiten aufteilen kann.

*Partnerschaft ist also als solche eine neutrale Gemeinsamkeit. Man teilt gemeinsam etwas, sei es die Ehe, sei es ein Geschäft, seien es zwei Firmen. In diesem Begriff spielt das Wort ‹teilen› die große Rolle. Also ist streng genommen das Wort ‹Partnerschaft› auf jeder Basis neutral?*

Ja und nein. Es kommt ja darauf an, was für eine Partnerschaft man eingeht. Eine geschäftliche oder soziale Partnerschaft oder eine Städte- oder Länderpartnerschaft ist sicher etwas anderes als eine Lebenspartnerschaft zwischen zwei Menschen. Eine Lebenspartnerschaft ist ja meist eine Verbindung zweier Menschen, die durchaus die Komponenten Sympathie, Freundschaft, Liebe enthält. Nur darf man hier nichts durcheinanderbringen. Freundschaft, Liebe, Sympathie sind drei verschiedene Gefühlslagen, die zwar ineinanderfließen können, die man aber auch getrennt betrachten sollte.

## Liebe — Freundschaft — Kameradschaft

*Was ist Liebe? Was ist Freundschaft?*

Oje, eine Jahrtausendfrage, die wohl kaum je beantwortet wurde. Aber versuchen wir es. Liebe ist ein starker Affekt, ein starkes Gefühl. Es gibt die Mutterliebe; bei der ist das Kind auch ein Teil der Mutter. Sind Mutter und Kind deswegen Partner? Nein, sicher nicht, weil das Kind gar nicht in der Lage ist, Partner zu sein. Die Ebenen sind (und bleiben) naturgemäß verschieden. Eine Freundschaft kann später mit den Eltern entstehen, nicht aber eine Partnerschaft, denn sie werden nie die gleichen Wünsche, die gleichen Ziele haben können. In unserer Gesellschaft verbinden wir mit dem Wort Liebe meistens ein irrationales, oft triebhaftes Gefühl. Starke Gefühle können natürlich auch zwischen Freunden und Freundinnen herrschen. Aber in der Freundschaft sieht man eigentlich etwas Ruhigeres als in der Liebe, die einen so total vereinnahmt. Die Liebe zwischen zwei Partnern, ob es sich nun um hetero- oder homosexuelle Liebe handelt, diese Liebe schließt andere oft aus. Partner, die ineinander verliebt sind — in welcher Form auch immer, es gibt viele Formen der Erotik —, die kapseln sich von der Gesellschaft ab. Freunde jedoch nicht, Freundschaft ist gerne bereit, der Gesellschaft gegenüber offen zu sein; man nimmt andere hinein in diese Freundschaft und hat nicht das dringende Bedürfnis, allein miteinander zu sein. Sicherlich wollen auch Freunde mal allein miteinander sein, aber das ist nicht das totale Zurückziehen von Verliebten. Kameradschaft ist ein Zustand, in dem man versucht, loyal einander gegenüber zu sein; Kameradschaft kann man mit sehr vielen Leuten haben, Freundschaft hingegen nur mit sehr wenigen. Wie ich aber schon sagte, Freundschaft ist immer offen für die Anliegen anderer, während Verliebtheit auf zwei konzentriert ist.

*In der Liebe spielt aber doch die Emotion eine große Rolle, in der Partnerschaft hingegen überhaupt nicht. Wenn also ein Paar eine glückliche Ehe führen möchte, werden sie dann nie das Wort Partnerschaft in den Mund nehmen?*

## Ehe

Wir haben immer wieder gesagt, daß es wichtig ist, den Begriff Partnerschaft genau zu definieren. Partnerschaft ist immer bloß eine äußere Form, ganz gleich, ob es eine Zweierbeziehung betrifft oder einen geschäftlichen Zusammenschluß mit mehreren Partnern. Auch die Ehe ist in sich bloß eine äußere Form. Die Ehe ist abgesegnet durch Staat oder Kirche, die Partnerschaft kann eine Verbindung zweier Menschen sein, die mit oder ohne Sanktionierung von Staat und

Kirche zusammenleben möchten. Beide Formen können Liebe und Freundschaft oder nur Liebe oder nur
Freundschaft beinhalten. — Um nun auf Ihre Frage
zurückzukommen: Heute spricht die junge Generation, ob verheiratet oder unverheiratet, oft von «meinem Partner oder meiner Partnerin», so wie ältere
Generationen von «meiner Frau oder meinem Mann
oder meinem Gatten oder meiner Gattin» sprachen.
Es ist heute ein Modewort geworden, und die Erklärung liegt einerseits wohl im wachsenden Bewußtsein
von Gleichberechtigung, andererseits im Sich-nicht-
mehr-unterscheiden-Wollen; es ist ziemlich gleichgültig, verheiratet oder nicht verheiratet zu sein.

### Verliebtheit — Liebe

*Sie sprachen vorher von Verliebtsein und Liebe zwischen
zwei Partnern, die sich dann, im Gegensatz zur Freundschaft, von der Gesellschaft ausschließen. Was ist der
Unterschied zwischen Verliebtheit und Liebe?*

Ja, wie soll ich das beantworten! Aus Verliebtheit
wird, wenn wir Glück haben, dauerhafte Liebe, und
damit wird auch das Bedürfnis nach einer ausschließli-
chen Zweierbeziehung geringer. Wir lieben uns, aber
wir machen trotzdem nicht von morgens bis abends
Liebe, weder emotional noch körperlich, sondern wir
leben den Alltag miteinander. Und in diesem Alltag
wird sich die Beziehung zweier gleichwertiger, gleich
differenzierter Menschen auf Dauer nicht halten,

60

wenn nicht ein Gefühl für Partnerschaft im Sinne von Gleichberechtigung – nicht Gleichheit – bei beiden vorhanden ist und auch praktiziert wird.

### Arbeitsteilung

*Könnte man also von einer idealen Partnerschaft reden bei einer Bauernfamilie, wo der Mann die Feldarbeit macht, sich um das Vieh kümmert, die Frau die Hausarbeit macht, den Garten besorgt, nach den Hühnern schaut – die Aufgaben also quasi automatisch geteilt werden, ohne daß lange überlegt und besprochen werden muß, wer was macht? Oder die Inhaber einer Bäckerei, eines kleinen Ladens, die ihr Geschäft als Familienbetrieb führen und gemeinsam das Ziel haben, das Geschäft zum Florieren zu bringen?*

Ich verstehe gut, was Sie meinen. Nur, das sind natürlich traditionelle Rollen, die Sie ansprechen. Wir leben in einer industrialisierten Welt, in der Betriebe, auf die Sie sich beziehen, immer mehr verschwinden werden, wenn wir unseren Reichtum, unsere materielle Sicherheit uns erhalten wollen. Die alten Familienbetriebe mit der von den Verhältnissen bestimmten Rollenverteilung sind tempi passati, Vergangenheit. In unserer Welt gibt es Maschinen, die stärker sind als die Muskelkraft des Mannes, und Apparate, die vielfach die Geschicklichkeit der Frau ersetzen. Ich will damit nicht sagen, daß es keine traditionellen Betriebe mehr gibt, aber es werden immer weniger.

61

*Es macht sich heute unter jungen Menschen ein Trend bemerkbar, wonach sie gerne wieder zu dieser traditionellen partnerschaftlichen Arbeit zurückkehren möchten, also gemeinsam einen kleinen Betrieb führen. Sind das ein paar Idealisten, oder könnte sich eine solche Bewegung ausbreiten?*

Wir können das Rad der Zeit nicht zurückdrehen, egal ob wir das gut oder falsch finden. Unsere Welt ist überbevölkert bis an den Rand dessen, was unsere Erde ertragen kann. Daß wir vieles kaputtmachen mit unserer technisch-industrialisierten Lebensweise, das weiß ich. Daß wir die partnerschaftlich geführten kleinen Betriebe wieder zum Leben erwecken, kann man wünschen, aber ist im größeren Stil — soviel ich weiß — nicht realisierbar. Obwohl wir sicherlich in vielem umdenken müssen, insbesondere was die Atomkraftwerke betrifft, aber nicht nur in dieser Beziehung. Nur, auf die Gefahren der Umweltzerstörung einzugehen, würde den Rahmen unserer Diskussion entschieden sprengen.

*Der technische Fortschritt, oder sagen wir lieber die hoch-technische Entwicklung beeinflußt also die Veränderung der Rollenbilder mit?*

Der Emanzipationsprozeß hat bestimmt auch damit zu tun, daß wir eben nicht mehr abhängig sind von der körperlichen Kraft, sondern Maschine und Technik haben übernommen, was früher Sache von Pferd, Wagen und Muskelkraft der Männer oder Aufgabe der Frauen war. Diese Entwicklung, ob unheilvoll oder nicht, hat natürlich auch mit unserem Denken und Wollen zu tun, und damit hängt sicherlich auch unsere immer dringlicher werdende Forderung nach gleichberechtigter Partnerschaft zusammen.

## Mißbrauch

*Oft auch wird Partnerschaft als einseitige Forderung reklamiert. Ich denke jetzt an eine Familie mit schon bald erwachsenen Kindern, welche vermehrt ein partnerschaftliches Verhalten von ihren Eltern verlangen. Oder an Studenten, die an der Universität ein Mitspracherecht verlangen, da sie sich als Partner des Rektors, der Professoren fühlen. Was meinen Sie?*

Einmal mehr, Partnerschaft beruht eben auf Teilen und Teilhaben. Wenn die heranwachsenden Kinder soviel geben wie die Eltern, dann teilen sie, und damit ist es Partnerschaft. Aber wenn für die Jugendlichen Partnerschaft nur in Rechten gegenüber den Eltern besteht, dann wird dieser Begriff auf den Kopf gestellt. Ähnliches gilt für die Studenten: Sie verlangen von ihren Professoren, von denen sie etwas lernen sollen – sie wollen ja etwas von ihnen, und sie zahlen dafür, eine Ausbildung zu bekommen –, gleiche Rechte beim Festlegen des Lehrstoffs, den sie sich ja erst aneignen müssen. Das kann kaum funktionieren. Sie möchten etwas haben, lehnen es aber gleichzeitig ab, weil sie es als Unterdrückung empfinden, daß andere, nämlich die Professoren, mehr wissen, obwohl sie sich doch gerade dieses Wissen aneignen wollen. Das ist natürlich eine absurde Situation; sie bringen sich nämlich um das, was ihnen letztlich Selbständigkeit und beruflichen Erfolg verspricht. Das hat mit Partnerschaft gar nichts zu tun. Das ist, wie wenn ich in einen Laden gehe, etwas erstehe, Geld dafür gebe — deswegen ist die Verkäuferin nicht meine Partnerin. Wobei ich natürlich weiß, daß es Professoren gibt, die den Studenten sinnvolles Wissen sinnvoll vermitteln, und solche, die gerade dazu nicht oder wenig in der Lage sind.

*In diesem Zusammenhang: Gibt es eine Ideologie der Partnerschaft? Oder ist dieses Wort schon negativ?*

Ideologie hat immer etwas mit falschem Bewußtsein und wenig mit den wirklichen Verhältnissen zu tun. Kritik ist verboten, weil es das Gerüst der Ideologie zusammenfallen ließe. Also, für mich zumindest, ein durch und durch negatives Wort. Eine Ideologie behauptet starr, eine Sache oder Verhältnisse seien so oder so, ohne deren viele verschiedene Seiten zu beachten. Partnerschaft als Ideologie wird dann zu etwas, worüber man nicht nachdenken darf, zu einem Fundamentalismus. So muß es sein, anders darf es nicht sein; echte, kritikfähige Partnerschaft gibt es nicht — damit fertig. Wir sind aber zusammengekommen, gerade um aus der Partnerschaft keine Ideologie zu machen, sondern Partnerschaft in ihrer Vielfältigkeit zu verstehen und sie damit mit der Praxis des menschlichen Lebens — auch mit der Psychologie des Individuums — in Zusammenhang zu bringen. Partnerschaft nicht nur im Sinne des verstandesmäßigen Kalküls, sondern als tiefergehende Möglichkeit, daß einer dem anderen auf seine Weise das gibt, was der andere braucht und vice versa, so daß beide sich dabei einigermaßen zufrieden und wohl fühlen können.

*Partnerschaft ein Beziehungsmodell?*

## Verschiedenartig — gleichwertig

Ja, sicherlich, aber ein Modell, das auch mit der äußeren Realität in Zusammenhang stehen soll, in der man lebt. Wie wir das jetzt schon einige Male betont haben — man kann es wahrscheinlich nicht oft genug sagen —, hat Partnerschaft mit ‹Teilen› oder ‹Teilhaben› zu tun, also auch mit Gleichheit. Frau und Mann sind zwar verschiedenartig, aber gleichwertig.

Gleichheit, Freiheit und Brüderlichkeit, so lauten doch die drei Forderungen der Französischen Revolution, und seither streben wir nach Gleichheit im Sinne von gerechtem Teilen. Nur, in der Französischen Revolution hat man Brüderlichkeit gerufen, von Schwesterlichkeit war, wie man weiß, keine Rede; die Frauen hatte man nicht einbezogen. So galten auch im Code Napoléon nur die Rechte der Männer, die Frauen wurden recht eigentlich zurückversetzt in die untergeordnete, unterdrückte Lage, in der sie sich vor der Französischen Revolution befanden.

*Gibt es nachahmenswerte Leitbilder? Sie wissen ja, durch die Menschheitsgeschichte ziehen sich Vorbilder wie ein roter Faden, oft erstrebenswert, aber nicht immer nachvollziehbar. Wäre Ihrer Meinung nach beispielsweise die Beziehung, die Sartre und Simone de Beauvoir gelebt haben, ein taugliches Leitbild für eine Partnerschaft?*

### Simone de Beauvoir und Sartre

Ja, warum nicht einmal eine berühmte Partnerschaft näher anschauen. Hatten sie aber wirklich eine gleichberechtigte Partnerschaft? Das ist nicht leicht zu beantworten. Beide waren Schriftsteller, waren ungeheuer interessiert an allem Neuen und Wissenwerten, insofern hatten sie viel Gemeinsames. Simone de Beauvoir, die aus einem konventionellen Elternhaus stammte, wo die Eltern nicht unbedingt ein gutes Verhältnis zueinander hatten, sondern ziemlich distanziert miteinander lebten, war sich sicher, Entscheidendes von Jean-Paul Sartre bekommen zu haben, gerade was Anregung und Freiheit des Denkens, Befreiung von Vorurteilen betraf. Sartre stammte aus einer intellektuellen Familie, er war schon früh ein sehr unabhängiger Denker. Als Simone dank seiner Hilfe sich von den Zwängen ihrer gesellschaftlich-familiären Situation befreien konnte, war sie sicher nicht weniger eigenständig in ihrem Denken als Sartre. Und beide haben sich darin gegenseitig anerkannt. Aber wie man weiß: die sexuelle Gleichberechtigung zustande zu bringen, war für Simone de Beauvoir schmerzlich und schwierig. Die Freiheit, die Sartre für sich beanspruchte, was sexuelle Beziehungen zu Frauen betraf, lernte sie erst langsam zu ertragen und zu erdulden. Später hatte auch sie ihre Affären, und aufgrund einer großen Toleranz blieben beide miteinander bis ans Lebensende verbunden. Aber ich meine, daß auch im Verhältnis von Sartre und Simone de Beauvoir, ob man will oder nicht, ein Stück weit die alten Rollenbilder mitspielten. Für Sartre war es eine Selbstverständlichkeit, nicht zu heiraten, keine Kinder zu wollen, und Simone de Beauvoir hat sich dieser Haltung angeschlossen, mußte aber dafür einen ziemlich hohen Preis zahlen. Ich glaube nicht, daß diese in der Literaturwelt so berühmte Partnerschaft im Sinne wirklicher Gleichberechtigung war.

*Sieht man nicht gerade an diesem Beispiel die Grenzen oder die Gefahren einer Partnerschaft?*

## Notwendiges Wagnis

Die Grenzen liegen überall. Ich meine, eine Partnerschaft oder überhaupt eine mitmenschliche Beziehung, die auf Gleichberechtigung als Ideal basiert, ist jeden Tag in Gefahr. Ob Partnerschaft zwischen zwei Menschen funktioniert, zeigt sich in Kleinigkeiten.

Partnerschaft in dem Sinne, daß soviel gegeben wird wie genommen, ist tagtäglich in Gefahr und muß immer wieder neu ausbalanciert werden. Ich glaube, in dieser Hinsicht ist das Miteinander-Sprechen unglaublich wichtig — auch um sich selber besser zu verstehen, um den anderen zu verstehen, wie auch die umgebende Gesellschaft und deren Vorstellungen. Das Gespräch ist etwas vom Wichtigsten — am Schweigen kann sehr oft eine Beziehung zerbrechen. Allerdings auch daran, daß die Partner nicht zur rechten Zeit schweigen können. Probleme und Beziehungen können auch zerredet werden.

*Gibt es einen Mißbrauch des Wortes ‹Partnerschaft›?*

Man kann natürlich den Begriff ‹Partnerschaft› mißbrauchen, im privaten Verhältnis wie im geschäftlichen Leben. «Wir werden partnerschaftlich zusammenarbeiten», und indem man das vorgibt, will man den anderen nur blenden und betrügen, so daß er die realen Verhältnisse nicht durchschauen kann. Partnerschaft kann, wie ich schon erwähnte, den Versuch einer Verschleierung der Macht bedeuten, ein Verhalten, das sicherlich weit verbreitet ist.

*Aber sind wir, von unserer Entwicklung her gesehen, überhaupt soweit, daß wir den Begriff ‹teilen› in die Tat umzusetzen vermögen, oder ist teilen vorläufig für uns nur ein Begriff, der kaum realisiert wird?*

Entweder wagen wir den Versuch zur echten Partnerschaft, oder es wird nie etwas daraus. Daß wir uns
immer wieder überwinden müssen, um zu teilen, ist
klar und bedarf eines stetigen Lernprozesses, vor allem im Umgang und in der Konfrontation mit uns
selber. Die Art und Weise, wie wir mit unserem Lebenspartner, mit unserem Geschäftspartner, mit der
Dritten Welt umgehen, hat nicht nur mit der Reife
unserer seelischen Entwicklung zu tun, sondern auch
mit der vernunftmäßigen sozialen Einsicht, daß wir
Europäer zugrunde gehen werden, wenn wir zur Partnerschaft mit der Dritten Welt unfähig bleiben.

*Ich frage mich, ob wir von unserer Natur her zum
gerechten Teilen überhaupt in der Lage sind. Was meinen Sie?*

Selbstverständlich wären wir dazu in der Lage. Es gibt
ja Partnerschaften, die funktionieren. Aber wir wollen
es nicht, aufgrund unseres Egoismus. Der aber liegt
nicht notwendigerweise in unserer Natur begründet.
Es ist eben bequemer, wenn wir egoistisch handeln.
Kinder sind narzißtisch, also auf sich bezogen, und es
fällt ihnen wahnsinnig schwer zu teilen. Sie müssen
langsam durch das Erkennen, daß andere gleichbe-
rechtigt neben ihnen existieren, dazu gebracht werden,
über ihren Eigennutz hinwegzukommen. Nur so ist
letztlich auch für sie, als Mitglieder der westlichen
Welt, ein Überleben möglich.

## Egoismus

*Wo liegen denn die Wurzeln des Egoismus? Und was ist Egoismus?*

Das allerdings ist ein unendliches Thema; darüber sind in so großer Zahl Werke geschrieben worden, daß mein Beitrag zu diesem Fragenkomplex nur lächerlich wirken kann. Der Egoismus liegt jedem von uns nahe. Wenn ich Hunger habe, und Sie haben Hunger, und es gibt etwas zu essen, dann greif' ich sehr schnell zu und nehme es für mich. Ich kenne eine Familie mit vier Kindern; wenn die Mutter, beispielsweise, die Butter beim Frühstück nicht vollkommen gerecht verteilt hätte, wäre der Zank vorprogrammiert gewesen. Die Gier, das Auf-sich-konzentriert-Sein, ist um so stärker, je elender es uns geht. Das war, wie wir ja wissen, auch in den Konzentrationslagern so, obwohl dort zum großen Teil Menschen zusammengepfercht waren, die durch ihre Erziehung und Bildung gelernt hatten zu teilen. In einer bestimmten unerträglichen Elendssituation, bei absolutem Hunger und Durst, wenn die menschlichen Grundbedürfnisse unbefriedigt bleiben, regt sich der natürliche Überlebenswille, und die meisten von uns sind nicht mehr in der Lage, die Kulturleistung des Teilens zu vollziehen.

*Teilen als Kulturleistung, sagen Sie. Ja, aber das setzt doch bereits eine menschliche Größe voraus? Im Großen erleben wir ja unsere Schwierigkeiten mit dem Teilen*

*mit der Dritten Welt und im Kleinen mit unserem Part-
ner?*

Wer von uns ist schon wirklich kulturfähig? Das setzt
einen riesigen, immer wieder neu zu bewältigenden
Lernprozeß voraus, dieses Teilen-Können; eine bewußte Überwindung der eigenen Neigung, sich schnell
das beste Stück zu nehmen, oder klarer gesagt, auf
seinen Vorteil bedacht zu sein. In der Partnerschaft zu
zweit ist es noch am einfachsten, weil der Partner ein
Teil von einem selber ist oder sein kann und man
gemeinsam ein gleiches Ziel verfolgt. Auch gegenüber
dem Kind, als Teil von einem selbst, kann man aus
dem Gefängnis des Egoismus ausbrechen. Nur hier
möchte ich nochmals betonen: Kinder können naturgemäß nie oder nur partiell Partner ihrer Mutter oder
ihres Vaters werden, denn die Wünsche und Vorstellungen nicht nur eines Kindes, auch eines Zwanzigjäh-
rigen, einer Vierzigjährigen sind nicht identisch mit
den Wünschen eines Siebzigjährigen.

*Also muß man zuerst mal in der Lage sein, mit dem
Partner zu teilen, damit wir das gerechte Teilen mit der
Dritten Welt verstehen?*

### Gruppenegoismus

Da bin ich nicht so sicher, denn es gibt auch einen
Gruppenegoismus. Nehmen wir an, zwei Partner finden sich, teilen ihr Leben miteinander und schotten

71

sich vollständig von den Nöten und Bedürfnissen der Außenwelt ab. Das gibt es mehr als wir meinen. Neben dem Egoismus à deux begegnen wir täglich dem Familien- und Gruppenegoismus. Ich glaube, die Wurzeln zur Partnerschaft im Sinn von Teilen liegen in der Kindheit. Wir wissen doch alle, daß bei einer Geschwisterschar, bei Schulfreunden und Schulfreundinnen jeder auch haben will, was der andere hat. Daß aber einer, der etwas geschenkt bekommt, sagt, das soll der andere auch haben, das ist relativ selten.

Mir scheint, es braucht einen langen Prozeß kulturellen Menschwerdens; einen Prozeß der Bewußtseinsbildung, bis wir in der Lage sind, über die eigenen Wünsche und den eigenen Egoismus hinaus zu handeln und zu denken. Und sei es aus der vernünftigen Erkenntnis heraus, daß eine Welt, in der niemand über seinen egoistischen Schatten springen kann, niemals funktionieren wird. Will niemand teilen, werden wir uns gegenseitig kaputtmachen. Dieses Teilen zu lernen, Partnerschaft im Sinne von teilen oder teilhaben lassen, das muß möglichst früh anfangen, ohne daß es ausschließlich als Zwang erlebt wird. Nur wer einigermaßen Distanz nehmen kann vom primitiven kindlichen Egoismus ist auch zur Partnerschaft fähig.

*Haben wir jetzt nicht von der Partnerschaft in einem idealen Sinn gesprochen? Wie bewährt sich das im Alltag, wenn die Partner Geld verdienen müssen, viel arbeiten, müde sind, gereizt werden und statt ans Teilen zu denken, sich wegen Kleinigkeiten übereinander ärgern?*

Nein, ich glaube nicht, daß alles nur eine schöne Theorie ist. Partnerschaft in einer liebevollen Zweierbeziehung hat etwas ganz anderes zum Inhalt als die Partnerschaft, die den Zweck hat, ein gemeinsames Geschäft aufzubauen. Was wir uns aber ernsthaft fragen sollten, ist dies: Warum werden eigentlich die Zweierpartnerschaften, über die wir bisher soviel gesprochen haben, von vielen Menschen als wenig erfreulich, wenig aussichtsreich angesehen? Immer mehr Menschen sind enttäuscht von einer Beziehung, die ihnen nur Einschränkungen gebracht hat. Immer mehr Menschen ziehen sich zurück, um allein zu leben. Heute gibt es nicht nur viele Junggesellen, sondern auch Junggesellinnen, Singles beiderlei Geschlechts, die mit ihrem Leben recht zufrieden sind.

## Singles

*Und die Junggesellen der früheren Zeit — hatten sie keine Beziehungen zu Frauen?*

Wahrscheinlich nicht, oder wenn, dann keine konstanten, sondern nur gelegentliche. Heute sind es aber nicht mehr nur Männer, die alleine leben wollen. Auch Frauen sagen, daß sie es vorziehen — sei es aus Enttäuschung, sei es aus Überzeugung — alleine zu leben. Der neue Begriff ‹Singles› ist ein Wort unserer Zeit. Aus der Tatsache, daß das Alleinleben in einem so ungewöhnlichen Ausmaß zugenommen hat, darf man schließen, daß das Zusammenleben den Menschen oft nicht die Partnerschaft gebracht hat, die sie sich ersehnten.

*Ist der Untergang dieser Welt vorprogrammiert, wenn es immer mehr Singles gibt?*

Ich denke, die Überbevölkerung weltweit ist derart katastrophal, daß sie den Untergang dieser Welt sehr viel schneller herbeiführt als die geringe Geburtenrate in den wenigen reichen Ländern. Vor den Singles habe ich wirklich viel weniger Angst.

*Wer sich ‹Single› nennt, bringt doch zum Ausdruck, absolut keine Partnerschaft eingehen zu wollen. Ist das nicht widernatürlich?*

Ich bin mir da nicht so sicher. Wie wir wissen, waren die Ehen, die geschlossen wurden, bevor die Liebesheirat vor höchstens 200 Jahren aufkam, erzwungene Bindungen, in denen viele Menschen sehr unglücklich waren, insbesondere Frauen. Übrigens kam das Wort ‹Partnerschaft› erst in der Zeit Goethes auf, also während oder nach der Französischen Revolution. Und ob die sogenannte eheliche Partnerschaft immer den Anfang des Glücks bedeutet, ist zumindest fraglich; oft war und ist sie der Anfang des Unglücks. Allein zu sein ist sehr viel besser, als mit einem gewalttätigen oder verständnislosen Mann oder einer kalten, einfühlungslosen Frau zusammenzuleben, mit denen man vielleicht kein Wort reden kann. Allein kann man lesen, Musik hören, malen, was weiß ich, was der Bedürfnisse gerade sind. Man wird nicht geschlagen, man wird nicht verständnislos behandelt und nicht dauernd gekränkt und verletzt, wie das oft in der Ehe geschieht. Als Single zu leben, finde ich eigentlich eine ganz vernünftige Lösung. Auch haben die ‹Singles› meistens Freunde und Bekannte, so daß sie im allgemeinen keineswegs so allein sind, wie es die Bezeichnung ‹single› suggeriert. Darüber hinaus handelt es sich immer nur um einen bestimmten Prozentsatz der Gesellschaft und, um es zu wiederholen, was die Frage der Nachkommenschaft betrifft, da müssen wir sehr viel mehr Angst haben vor zuvielen als vor zuwenigen Menschen.

*Aber gibt es gerade heute nicht viele Singles, die höchst unfreiwillig in diesem Zustand leben, immer auf der Suche nach dem für sie richtigen Partner, den sie nicht finden? Und fühlen sich dann diese ‹Einzeller› nicht sehr einsam und isoliert?*

Möglicherweise, ja, nur weiß ich nicht, ob man eine Partnerschaft beginnt oder beginnen sollte, wenn man den anderen nur bedingt leiden kann. Man mag vielleicht manches an ihm oder an ihr und manches vielleicht nicht. Es muß aber eine gewisse Anziehung vorherrschen, sonst wird man sich besser nicht zusammentun. Aber eine Partnerschaft kann ja auch ohne größere Dramatik wieder gelöst werden.

## Möglichkeit der Scheidung

*Heute nimmt die Form der Partnerschaft im Gegensatz zur Form der kirchlich oder staatlich sanktionierten Ehe zu. Viele wollen sich staatlich nicht mehr binden, damit sie, wenn Schwierigkeiten auftauchen, ohne juristische Scherereien auseinandergehen können. Was halten Sie davon?*

Das ist sehr vernünftig. Früher hat man geheiratet, weil die Normen der Gesellschaft einen dazu zwangen, und häufig waren die Menschen dann ein ganzes Leben lang unglücklich in ihrer ehelichen Gemeinschaft aneinandergekettet. Darüber haben wir schon gesprochen. Wenn die Menschen heute sagen, wir sind so frei, uns selber den Menschen auszusuchen, mit dem wir das Leben teilen wollen, und das tun wir lieber, nachdem wir ihn oder sie gut kennengelernt haben und nicht aus einer Verliebtheit oder einem Zwang heraus, dann ist das doch sehr gut.

*Auch wenn Kinder da sind?*

Kinder, die mit Eltern aufwachsen müssen, die einander im Grunde nicht leiden können — denen geht es, so glaube ich, ganz wesentlich schlimmer als Kindern, die mit nur einem Elternteil aufwachsen, der einigermaßen glücklich und zufrieden ist.

*Tragen nicht sowohl die Mutter wie der Vater eine*

*Verantwortung für die Kinder, und zwar nicht nur im*
*materiellen Sinn?*

Ob Partnerschaft oder Ehe, man wird sich sicherlich
schwerer trennen, wenn Kinder da sind. Aber es hat
im Laufe der beiden letzten Jahrhunderte immer Ehen
gegeben, die trotz allem Gefühl für Verantwortung
auseinandergebrochen sind, meistens auf Betreiben
des Mannes. Heute erleben wir, daß zunehmend auch
Frauen lieber die Verantwortung für die Kinder allein
tragen, als fraglich gewordene Beziehungen um jeden
Preis aufrechtzuerhalten. Trotz aller Hilfen, trotz dem
Prestige, die häufig mit Partnerschaft und Ehe verbunden sind, kann das Zusammenleben so unerträglich
werden, daß man lieber darauf verzichtet.

*Gibt es eine Möglichkeit für Partner, in Frieden ausein-*
*anderzugehen, ohne Streit, einfach mit der Einsicht, daß*
*man nicht zusammenpaßt, nicht die gleichen Interessen*
*mehr teilt?*

Wenn man nicht Kritik und Aggression gewaltsam
unterdrückt, gehört zum mitmenschlichen Zusammenleben gelegentlich auch Streit und Auseinandersetzung. Die Auflösung einer Partnerschaft ganz ohne
Streit würde ich als anormal und auch gar nicht als
produktiv ansehen. Aber es braucht kein Streit zu
sein, der die Partner für immer trennt. Es kann durchaus ein Auseinandergehen sein mit Respekt voreinan-
der, was einem ermöglicht, gerade wenn Kinder da

sind, eine bestimmte Form von Freundschaft aufrechtzuerhalten.

## Die Rolle des Alters

*Spielt das Alter bei Partnern eine große Rolle?*

Ja natürlich, wie überhaupt im Leben. Im großen und
ganzen gehen Menschen, je älter sie werden, um so
seltener neue Liebesbeziehungen ein. Es gibt aber natürlich Fälle, wie jedermann weiß, bei denen gerade im
Alter eine vertiefte Partnerschaft möglich wird und
sich bewährt. Nicht nur gemeinsame Interessen oder
Respekt, sondern auch die so oft mißachtete Sexualität der ‹Alten› spielen dabei eine Rolle.

*Und wenn ein älterer Partner sich mit einer viel jüngeren
Frau verbindet oder umgekehrt eine ältere Frau mit
einem jüngeren Partner?*

Der erste Fall ist bekanntermaßen häufiger als der
zweite. Aber auch darin ändern sich die Zeiten und
Verhältnisse.

*Trennen sich heute Lebenspartner und Eheleute nicht
schon bei den ersten alltäglichen Schwierigkeiten, die
ganz automatisch auftauchen? Sind die Menschen heute
weniger belastbar als früher?*

Wo Scheidung möglich ist, wird man sich ihrer bedienen, wenn man glaubt, einander nicht mehr zu ertragen. Die Menschen sind heute sehr wahrscheinlich nicht mehr und nicht weniger belastbar als früher; sie haben nur mehr Freiheit, sich zu trennen, ohne sich deswegen gesellschaftlich zu ruinieren.

### Projektion der Wünsche

*Liegt nicht eine Schwierigkeit darin, daß der eine Partner seine Wünsche in den anderen hineinlegt? ja, sie ihm geradezu aufdrängt und dann von dessen Unvermögen frustriert ist?*

Das ist ein weites Feld! Die Neigung, eigene Wünsche, Gedanken, Vorstellungen in den anderen zu projizieren, ist weitverbreitet. Damit beschäftigt sich die Psychoanalyse seit ihrem Entstehen. Den anderen wirklich als anderen wahrnehmen zu können, braucht eine gewisse Reife und ist die Vorbedingung für das Funktionieren einer Partnerschaft.

*Wäre eine auf Dauer angelegte Partnerschaft oder Ehe nicht lebensnotwendig, um der menschlichen Natur gerecht zu werden? Es gibt aber heute vermehrt junge Menschen, die erklären, daß sie von Anfang an nur eine Partnerschaft ‹auf Zeit› eingehen möchten, ohne Verpflichtung, ohne Verantwortung. Geht dieses Denken nicht vorwiegend vom Mann aus?*

Was immer die menschliche Natur ist — ich bezweifle

sehr stark, daß es eine von Gesellschaft, Erziehung, Kultur unbeeinflußte menschliche Natur gibt. Die dauerhafte Zweierbeziehung hat wahrscheinlich eher etwas ‹Unnatürliches› — Freuds «Unbehagen in der Kultur» —, wozu man aber durch die Gesellschaft, aus Bequemlichkeit, Schuld- oder Pflichtgefühl gezwungen wird. Natürlich gibt es auch lebenslange Zuneigung.

*Tatsache ist aber, daß die meisten jüngeren Menschen, wenn sie eine Partnerschaft oder eine Ehe eingehen, noch immer Märchenprinzessinnen- oder Märchenprinz-Illusionen haben und hoffen, ein Leben lang glücklich zu sein. Sie denken: Wir werden alles miteinander schaffen. Und dann, nach einer gewissen Zeit, kommt die große Desillusion, und die Partnerschaft zerbricht. Ist das nicht eine schwere Herausforderung an diese einzelnen Partner, damit fertig zu werden?*

Daß viele Menschen solche realitätsferne, idealisierende Wünsche haben, wenn sie eine Beziehung eingehen, das verstehe ich schon. Andererseits würde ich doch meinen, daß ein zunehmend großer Teil der Menschen — vor allem unseres Kulturkreises — psychologisch soweit gebildet ist und soweit differenzierend denkt, daß diese Wünsche zwar vorhanden sind, gleichzeitig aber die meisten Menschen doch viel gesehen, viel gelesen haben und soviel wissen, dass es ihnen schwerfällt, fest daran zu glauben, diese kindlichen Wünsche würden sich erfüllen. Wer sich und die Welt ein wenig kennt, der weiß, welche Gefahren einer sogenannten ‹großen Liebe› drohen und wie leicht alle Idealisierungen zerbrechen. Die ‹große Liebe› bedeutet ja auch immer, den anderen so sehen zu wollen, wie es einem gerade paßt. Sie hat sehr viel mit Egozentrismus zu tun. Man sieht die Welt so, wie man sie haben will, nicht so, wie sie ist. Also sieht man den anderen nicht als anderen, sondern als ein Wunschbild, was ja eigentlich mit Liebe wenig zu tun hat. Liebe beginnt meines Erachtens dort, wo man den anderen als anderen zu respektieren und zu schätzen, überhaupt erst mal wahrzunehmen vermag. Wenn man gelernt hat, nicht überall nur sich selber, sein eigenes Weltbild zu sehen, wenn man nicht nur die eigenen Wünsche erfüllt haben möchte, sondern wenn man das Fremde akzeptieren kann, durch das Fremde, durch den anderen etwas zu lernen und auf das Fremde einzugehen vermag, dann ist die Chance für eine echte partnerschaftliche Zweierbeziehung viel größer.

### Egoismus und Egozentrismus

*Und wie definiert sich der Unterschied zwischen Egoismus und Egozentrismus?*

Ich glaube, daß die Art und Weise, mit Egoismus umzugehen, wesentlich zum Gelingen oder Mißlingen einer Partnerschaft beiträgt. Egoismus ist ein Charakterzug, der fast jedem von uns in schwächerem oder stärkerem Maß eigen ist und den man in Selbsterkenntnis einigermaßen zu bändigen vermag. — Ein egoistischer Mensch sagt: hier auf diesem Tisch liegt ein Stück Brot, und dieses Brot reicht genau für meinen Hunger. Mein lieber Partner oder meine liebe Partnerin hat zwar genausoviel Hunger wie ich, aber zum Teilen bin ich nicht bereit. Das ist allerdings kein besonders gutes Beispiel, denn wenn jemand von Hunger getrieben ist, dann muß er seine Ich-Triebe schon sehr kontrollieren können, um trotzdem zu teilen. Wichtig ist, daß man im täglichen Leben fähig wird zu teilen und nicht seine eigenen unmittelbaren Wünsche ohne Nachdenken und Aufschub befriedigen muß. — Ein Egozentriker unterscheidet sich vom Egoisten beispielsweise dadurch, daß Teilen nicht sein Hauptproblem ist. Egozentrismus hat mehr damit zu tun, daß man die Welt vorwiegend mit den eigenen Augen sieht, daß man die eigenen Wünsche und Phantasien in den Mittelpunkt stellt und eigene Realität nicht von der Realität anderer unterscheiden kann. Der andere muß dann so sein, wie ich will, daß er sei, oder so wie ich glaube, daß ein Mensch zu sein habe.

*Ist das nicht häufig der Fall in einer Partnerschaft?*

Sicherlich, und zweierlei ist dann möglich: entweder wird die Partnerschaft zu einem Egoismus à deux, zu einer Überidentifikation des einen mit dem anderen: es gibt nur diese beiden Menschen. Solche Partner sind dann ein kompaktes Etwas, an das niemand herankommen kann und das sich ziemlich ausschließlich nur für die eigene Gemeinschaft interessiert. Oder aber der eine entzieht sich der Einvernahme durch den anderen, will sich und seine Eigenart nicht aufgeben. Er mag dann sagen, ich denke nicht daran, in dir aufzugehen, ich habe meine eigene Weltansicht, und ich erlaube mir, herauszufinden, was daran richtig oder falsch ist oder worin und warum ich mich in dich oder andere einfühlen kann oder muß. Ich bin ein eigenes Lebewesen, so wie du, und ich bitte dich, das zu respektieren. Kann der andere das nicht, dann geht die Partnerschaft zugrunde, wenn sie denn je bestanden hat.

*Würden Sie sagen, daß immer mehr Partnerschaften auseinanderbrechen? Und zwar, weil die Partner mit sich selber Probleme haben? Oder liegen die Schwierigkeiten gar nicht in den Partnern; handelt es sich um ganz andere Probleme, Probleme von außen, die sich auswirken?*

### Scheidungen

Nimmt das Auseinanderbrechen von Partnerschaften wirklich zu?! Beschränken wir uns erst mal auf die heterosexuellen, eheähnlichen Partnerschaften. Da stimmt es, daß die Scheidungen zunehmen, was mehrere Gründe haben mag. In den westlichen Ländern haben wir gelernt, Individuen zu sein — können wir, wenn wir Glück haben, individuell denken und unterschiedliche Meinungen äußern. Hier lernen immer

mehr Menschen, ihre Persönlichkeitsrechte wahrzunehmen und sich der daraus wachsenden, langsam
zunehmenden Gleichberechtigung zwischen Mann
und Frau bewußt zu werden. Auch darauf läßt sich die
wachsende Scheidungsrate zurückführen.

*Und die Partnerschaften, wo man frei zusammenlebt?*

Statistisch sind die unverheirateten Partnerschaften
nicht zu erfassen. Aber wenn wir uns mit dem nicht-
ehelichen Zusammenleben zweier Menschen befassen,
dann sieht man, daß — was Trennung betrifft —
wahrscheinlich kein großer Unterschied zur ehelichen
Gemeinschaft besteht. Früher hat man gedacht, daß
die Ehe die Menschen zusammenhalte, während die
freien Partnerschaften eher auseinanderbrächen. Aber
das eine ist dem anderen doch recht ähnlich — ob mit
oder ohne staatlichen Segen. Die Menschen, ob verheiratet oder nicht, gehen häufiger als in früheren
Zeiten auseinander. Sie werden deswegen nicht wie
einst aus der Gesellschaft ausgestoßen. Ein Thema,
das wir schon verschiedentlich angesprochen haben.

## Der ideale Partner

*Eine Frau, deren Beziehung zerbrochen ist, sagte, sie
werde jetzt warten, bis sie den idealen Partner gefunden
habe. Gibt es so etwas wie den idealen Partner oder die
ideale Partnerin?*

Offengestanden, wenn ich rüde wäre — was ich hoffe, nicht zu sein —, dann würde ich ihr sagen: Wenn du so töricht bist, meine Liebe, und nach etwas verlangst, was mit der Wirklichkeit des Lebens nichts zu tun hat, dann bedaure ich den Partner, der mit dir zusammenleben muß. Weder du bist ideal, noch kann dein Partner ideal sein. Du willst ihn so haben, wie es deinem Bild entspricht; er aber ist so, wie er im Laufe seines Lebens eben geworden ist. — Selbstverständlich gibt es solche Phantasien genauso bei Männern. Wir haben jetzt nur vom idealen Märchenprinzen sentimentaler Frauen gesprochen und dadurch die Frau zu einem naiven, idealistischen Wesen gestempelt. Die Männer haben natürlich nicht weniger infantile Phantasien. Wenn Frauen nicht so sind, wie der Mann glaubt, daß sie sein sollten — nie enttäuschend, alle Wünsche erfüllend, ein Ideal an Schönheit, Klugheit, Güte und ich weiß nicht was allem —, dann sind die Männer bodenlos enttäuscht.

Aber viele Männer haben noch eine andere Tendenz als diejenige, in der Frau das ideale Wesen zu suchen. Sobald sie enttäuscht sind, wird die Frau zur Hexe gemacht. Das läßt sich auf verdrängte Enttäuschungen an der Mutter zurückführen, die ihren Wünschen und Phantasien natürlich auch niemals völlig entsprechen konnte. Das kann keine Mutter. Also spaltet sich das Bild von der Frau: einerseits Heilige, andererseits Hexe. Das war natürlich nie anders; diese Phantasien gab es seit jeher, auch bei Frauen. Ein großer Teil der Märchen spiegelt sie wider. Die Hexenverfolgungen vergangener Jahrhunderte sind so vergangen nicht, wie mancher glauben möchte.

## Hexen

*Waren ‹Hexen› immer besonders kluge Frauen?*

Ob die ‹Hexen› wirklich besonders gescheite Frauen waren, bleibe dahingestellt, denn sie waren ja nur Produkte von Männerphantasien. Es werden einige überlegene Frauen darunter gewesen sein, aber die meisten waren ganz normale Frauen wie wir beide, aus denen nur die Männer (und gelegentlich auch Frauen) Hexen gemacht haben.

*Warum gehen immer mehr Partnerschaften und Ehen in die Brüche, nachdem man 20, 25 Jahre gemeinsam verbracht hat? Sei es, daß die Frau plötzlich auf der Suche nach ihrem Selbst ist und den völlig verdutzten Mann sitzenläßt, sei es, daß der Mann — nach außen hin — aus völlig unerklärlichen Gründen eine neue, jüngere Partnerin sucht. Sind denn die gemeinsamen Erlebnisse und Erfahrungen der Vergangenheit nicht ein tragendes Band? Kann man sich gegenseitig so überdrüssig werden, daß die Vergangenheit nicht mehr zählt?*

Ich habe bisher nur von dem verflixten 7. Jahr und nicht von dem verflixten 20. oder 25. Jahr gehört. Aber das Bedürfnis von Männern, oder auch Frauen, noch einmal zu leben, sich einer jungen Frau, einem

86

jungen Mann zuzuwenden, hat es natürlich schon immer gegeben. Ältere Frauen, noch mehr als ältere Männer, werden in unserer vom Jugendfetischismus beherrschten Gesellschaft oft nicht mehr als attraktiv erlebt. Aber wir erleben heute, daß auch ältere Frauen sich jüngeren Männern zuwenden und ihre bisherigen Partner verlassen. Erinnerungen und gemeinsame Erfahrungen scheinen die Bindungskraft dann nicht zu haben, die wir von ihnen erwarten.

## ‹Normal› sein

*Was heißt eigentlich ‹normal›? Eine Frau, die sehr viel mit ihrer Freundin unternimmt, seit ihre Freundschaft mit einem Mann in die Brüche gegangen ist, sagte: «Jetzt hab ich einmal genug von Männern. Ich bin normal veranlagt und will natürlich gelegentlich — in ein paar Jahren oder so — wieder einen Mann kennenlernen. Aber jetzt bin ich frei und kann machen, was ich will. Ich kann entscheiden, wie ich will, ich kann kochen, was ich will; ich brauche eigentlich keinen Partner mehr . . . wenigstens eine Zeitlang.*

Was diese junge Frau betrifft, würde ich ein bißchen widersprechen wollen, wenn sie sagt, sie sei ‹normal›. Sie meint offenbar damit, daß sie nicht lesbisch ist. Ich glaube nicht, daß Homosexuelle als anormal angesehen werden können. Wenn ich an meine Patienten/innen denke, die ich im Laufe meines Lebens kennengelernt habe, so meine ich, daß deren Qualitäten, deren Fähigkeit, für andere da zu sein, deren Intelligenz, Nachdenklichkeit, Einfühlungsfähigkeit und Freundlichkeit in keiner Weise von der Ausrichtung ihrer Sexualität abhängig waren.

*Homosexualität, lesbische Liebe, das gab es immer schon, seit die Menschheit existiert. Heute aber beschäftigt man sich damit, als sei es eine Neuentdeckung. Besteht da nicht die Gefahr, daß Homosexuelle eine Art Paria-Status erhalten?*

Diese Gefahr besteht natürlich und hat immer bestanden. Heute wird gerade deswegen soviel darüber diskutiert, um das Tabu der Homosexualität zu brechen. Im alten Griechenland wurden die Homosexuellen bekanntlich nicht verteufelt, auch nicht tabuisiert, zumindest die männlichen nicht; sie gehörten zur griechischen Gesellschaft. Wie wir wissen, gab es damals im Leben fast aller Männer eine Periode, während der sie mit Jünglingen, zum Teil mit sehr jungen Männern oder Knaben, Beziehungen unterhielten. Die griechische Demokratie halten wir ja für die Wiege der westlichen Kultur. Und dieses demokratische Vorbild — sicher, es war auch nur zur Hälfte demokratisch, Frauen waren ausgeschlossen — hatte schon ein derart hohes Kulturwissen, daß ihm das «Erkenne dich selbst» zum Leitbild wurde. Ohne Zweifel ein Höhepunkt in der kulturellen Entwicklung einer männlichen Gesellschaft. Schon damals wußte man, daß der Mensch bi-sexuell von Natur aus ist — wenn es denn so etwas wie Natur beim Menschen gibt. In jener griechischen Gesellschaft konnten Männer, gelegentlich auch Frauen, sowohl homosexuelle wie auch heterosexuelle Beziehungen pflegen — ein Zeichen hoher Toleranz.

Es ist leider wahr, daß bei uns nach wie vor die Tendenz besteht, die sexuell anders orientierte Minderheit zu verteufeln und sie damit als Parias an den Rand der Gesellschaft zu drängen. Viele, Homo- wie Heterosexuelle, versuchen, dem entgegenzuarbeiten. Mit dem sogenannten ‹Outing› machen sich Homosexuelle als solche öffentlich bekannt oder verlangen von anderen Homosexuellen, die zu Ruhm und Ehre gekommen sind, die bekannte Namen haben, daß sie sich in den Medien öffentlich zu ihrer Neigung bekennen. Abgesehen davon, daß ‹sich öffentlich bekennen› meines Erachtens die individuelle Angelegenheit jedes einzelnen ist, — kann man denn etwas ‹bekennen›, was doch eine Art ‹Schicksal› und keine ‹Schuld› ist? Wir können so gut wie nie selber bestimmen, ob wir homo- oder heterosexuell sein wollen. Ich habe viele Homosexuelle, Männer und auch etliche Frauen, im Laufe meines Lebens in Analyse gehabt, und eins ist vollkommen klar: ein ‹in der Wolle gefärbter› Homosexueller ist gar nicht in der Lage, sich zu sexuellen Gefühlen einer Frau bzw. einem Mann gegenüber zu zwingen. Was nicht bedeutet, daß er oder sie zu stabilen Freundschaften mit andersgeschlechtlichen Personen unfähig wäre. Zum Teil waren meine männlichen homosexuellen Analysanden von einer besonderen

Einfühlungsfähigkeit gerade auch Frauen gegenüber. Unter den Patienten, die ich hatte – ob homo- oder heterosexuellen –, gab es natürlich gleichermaßen angenehme und weniger angenehme Menschen. Um es zu wiederholen: ihre Charakterqualitäten hatten nichts mit der Richtung ihrer Sexualität zu tun.

Was man an sich selber haßt, ablehnt und verdrängt, das muß man bekanntlich oft auf andere projizieren und dort verteufeln und bekämpfen. Projektionen sind die psychologische Grundlage dafür, daß Kriege, Antisemitismus, Rassismus wie auch die Verfolgung Homosexueller entstehen. Eigene verdrängte Neigungen moralisch zu verteufeln, bedeutet immer, sich Feindbilder aufzubauen, um die verpönten Neigungen nach außen auf andere zu verschieben und dort zu bekämpfen.

## Homosexuelle als Paar

*Wie ist das bei Homosexuellen, die als Paar zusammenleben?*

Wenn wir die Homosexuellen in unserer Gesellschaft scheel ansehen, behaupten wir meistens, Homosexuelle seien zur Partnerschaft nicht fähig. Sie rasen von einer Beziehung zur andern – so heißt es –, sind sexuell getrieben und deswegen in hohem Maße aidsgefährdet. Nun, es ist wahr und nicht wahr, was da über Homosexuelle gesagt wird; es gibt natürlich Homosexuelle, denen es nicht gelingt, einen Partner zu finden, mit dem sie längere Zeit leben können. Das hat gesellschaftliche und individuelle Gründe. Unsere mehrheitlich heterosexuelle Gesellschaft behandelt sie gewöhnlich abschätzig. Manche Homosexuelle können zudem ihre Sexualität nur bei sehr jungen Menschen erleben. Werden ihre Partner älter, gibt es Schwierigkeiten. Das ist ein trauriges Schicksal, das so leicht nicht zu ändern ist. Hier ist nicht Verfolgung oder Ablehnung am Platz, sondern Einfühlung. Daneben gibt es Homosexuelle, die lebenslange Partner haben, die nicht weniger treu zueinander stehen als manches heterosexuelle Ehepaar. Es gibt sowohl bei den Heterosexuellen wie bei den Homosexuellen immer nur wenige Paare, die sich ein Leben lang gut ertragen können.

### In der Zeit der Hochtechnik

*Spielen Partnerschaften heute — im Gegensatz zu früheren Jahrhunderten — nicht eine viel größere Rolle, weil der Mensch sich irgendwie verloren fühlt in dieser hochtechnisierten Zeit, wo Gefühl klein geschrieben wird? Sucht er nicht vermehrt nach Partnerschaft, wo er Schutz, Geborgenheit, Zärtlichkeit und Anteilnahme bekommt?*

Ich glaube, es ist eine Idealisierung der Vergangenheit zu sagen, daß damals der Mensch weniger allein und verloren war, als er es heute ist. Mit dem Anbruch der technisch-industriellen Welt — ein paar Jahrhunderte sind es jetzt her — war die Revolution der Menschen gegen Unterdrückung verbunden. Mit der technisch-industriellen Revolution verband sich eine gesellschaftliche Umwälzung. Es gab die demokratische Verfassung in Nordamerika (1787) und die Französische Revolution; der Adel verlor Macht und damit seine Funktion und Bedeutung; die Machtverhältnisse änderten sich grundlegend, immer mehr Menschen forderten Gleichberechtigung. Neben dem Kampf um Aufhebung der krassen Klassenunterschiede, um die Sklavenbefreiung, haben in der Französischen Revolution auch Frauen ihre Stimme erhoben und für Gleichberechtigung für sich gekämpft. Mit der technisch-industriellen Revolution gab es also nicht nur Elend, Unterdrückung, Kinderarbeit, sondern auch den Kampf *gegen* Unterdrückung. Auch die Ehe änderte sich — so etwas wie Liebesheirat gab es bis dato nicht, geschweige denn Partnerschaft in der Ehe; der Mann war der Patriarch, der Herrscher in der Familie.

Aber auch heute gibt es noch Völker und Religionen, wo der Vater über Frau und Kinder verfügt. In den sogenannten guten alten Zeiten waren die Verhältnisse bestimmt nicht ideal, besonders nicht für die Schwachen dieser Welt, und zu den Schwachen gehörten die Frauen. Es war also nicht alles schön und heil in unserer Welt, bevor das technisch-industrielle Zeitalter begann. Es dürfte auch ein Irrtum sein, daß die Menschen früher so viel besser und gefühlvoller miteinander umgegangen seien, daß wir heute in einer chaotischen Welt leben und uns deshalb mehr denn je nach der Geborgenheit einer Partnerschaft sehnten. Ich glaube, daß in manchen vergangenen Zeiten das menschliche Klima eher noch gefühlskälter war, es noch mehr Unterdrückte und noch mehr und mächtigere Unterdrücker gab als in der Gegenwart. Die Unterdrückung sah nur anders aus. Heute haben wir die Möglichkeit — zumindest in der westlichen Welt —, uns einen Partner zu suchen; wir haben die Möglichkeit, uns selber, unser eigenes Gefühl ernst zu nehmen und auch auf die Gefühle anderer einzugehen. Wir dürfen unseren Partner, unsere Partnerin selber finden und unserer Herzensneigung nachgeben. Während Jahrtausenden waren wir — als Frauen ohne Einschränkung — von diesen Möglichkeiten ausgeschlossen.

Die Industrien, das rücksichtslose Profitdenken unserer Zeit, die kapitalistische Ausbeutung gehen zwar nicht gerade zimperlich mit den Menschen um und haben die Umwelt in lebensbedrohlichem Maße zerstört, das wissen wir. Aber daß das Wohlbefinden, geschweige denn das Recht der Frauen in früheren Zeiten und Ehen besser gewesen wäre als heute, war gewiß nicht der Fall.

*Bei der Befragung von Männern und Frauen zum Thema: Ist Partnerschaft möglich? bekommt man fast regelmäßig von der Mehrheit der Männer ein entschiedenes ‹Nein›, bei den Frauen ein ‹Ja, natürlich›, zur Antwort. Warum ist das so?*

Aber selbstverständlich sagen Männer «Nein», denn die Bejahung der Partnerschaft zwischen den Geschlechtern würde bedeuten, daß der Mann tief innerlich gleiche Rechte für Frau und Mann anerkannt hätte. Aber genau das tut er nicht. Er wird auch selten anerkennen, daß eine ältere Frau soviel wert ist wie ein entsprechend älterer Mann. Das darf nicht sein. «Sie versteht mich nicht», ist sein Argument, wenn er sich einer anderen, jüngeren zuwendet, und dabei meint er etwas ganz anderes. Sie ist nicht mehr attraktiv, sie ist nicht mehr jung, während er, der ältere Mann, entweder Geld oder Macht oder eine gesellschaftlich anerkannte Stellung innehat, was Frauen nur selten erreichen.

Die Frau — im Gegensatz zum Mann —, die nun seit ein paar Jahrhunderten um die Gleichberechtigung kämpft, ist sehr wohl bereit, den Mann als gleichberechtigten Partner anzuerkennen. Von uns Feministinnen wird immer behauptet, wir seien männerfeindlich. Das stimmt so nicht, denn wir glauben an Partnerschaft. Nur ist das eben nicht gegenseitig. Viele Männer klagen uns an, daß wir sie unterdrücken würden, weil sie im Grunde das alte Ungleichgewicht der Geschlechter aufrechterhalten wollen. Ich wiederhole: das Matriarchat, wenn es denn sowas je gegeben hat, gehört in eine primitive, von Macht und Herrschaft bestimmte Zeit. Gleichberechtigung als Ideal, als Leitbild, als realisierbare Möglichkeit, das kannte man

damals so wenig wie über die Jahrtausende im Patriarchat. Wir Feministinnen wollen keine Macht des einen
Geschlechts über das andere: Wir wollen die Macht
teilen; wir wollen nur gleiches Recht für beide Geschlechter.

*Ist der Begriff ‹Macht› nicht etwas Gefährliches, etwas
Aggressives, etwas, was wir Frauen gerade nicht wollen?*

Ich verstehe, was Sie meinen. Wenn man Macht
gleichsetzt mit ‹andere beherrschen und unterdrücken
wollen›, dann ist der Begriff hier falsch angewendet.
Aber wenn Macht Kraft bedeutet, um beispielsweise
die Gleichberechtigung durchzusetzen, dann sollten
wir nicht davor zurückschrecken. Ohne Macht wird
uns das nie gelingen. Wir Frauen sollten aufhören, auf
ewig und immer unschuldig sein zu wollen, keine
Macht, sondern nur Liebe zu erstreben. Dann wird
sich an den patriarchalischen Verhältnissen niemals
etwas ändern.

*Macht könnte man doch durch Einfluß ersetzen?*

Um Einfluß zu gewinnen, müssen wir Macht haben.
Nur wer Macht hat, kann mitentscheiden, in welche
Richtung die gesellschaftliche Entwicklung gehen soll.
Wer entscheiden kann, wird auch mal eine falsche
Entscheidung treffen. Das muß ertragen werden, so
wie wir eventuell auch Schuld ertragen müssen. Wenn
wir Frauen um jeden Preis unschuldig bleiben wollen,

dann werden wir auch niemals wirklich Einfluß gewinnen. Natürlich, seit Ewigkeiten hören wir: «Love is all you need», während das für den Mann nicht gilt. Solange wir zurückdenken können, gebrauchte der Mann in unserer Gesellschaft seine Macht, um sich durchsetzen zu können — öfter mit als ohne Gewalt —, während sich die Frau nur nach Liebe sehnen durfte. Wenn die Frau nicht zu ertragen lernt, daß sie mal nicht geliebt wird, daß sie auch mal eine falsche Entscheidung trifft und daß sie auch mal schuldig wird, dann wird sich diese Welt nie auch nur ein Stück weit ändern.

*Verschiedene Männer haben mir gesagt: In der Ehe gibt es keine Partnerschaft; als Ehegatten sind wir sowieso gleichgestellt, aber jeder hat seine Rolle. Wir reden nicht von Partnerschaft, das ist etwas außerhalb der Ehe. Stimmt das?*

Ob eine Partnerschaft gelebt wird, hat mit in oder außerhalb der Ehe nichts zu tun. Heute ist es ja nicht mehr so wichtig, ob man offiziell verheiratet ist oder nicht. Junge Menschen, die sich standesamtlich oder in der Kirche trauen lassen, tun es oft aus Tradition und Familienrücksichten, nicht aber aus innerem Bedürfnis. Ist man staatlich getraut, so ist man natürlich juristisch und gesellschaftlich anders gebunden, und eine Scheidung kann unter Umständen viel Geld und Zeit kosten. Bei einer ‹freien› Partnerschaft besteht die Gefahr — da Trennung nur die Partner angeht —, daß man eine Beziehung bei kleineren Differenzen allzu schnell auflöst. Aber ich meine, heutzutage gehen ja so viele Ehen kaputt, daß es in bezug aufs Zusammenbleiben wahrscheinlich kaum noch in die Waage fällt, ob geheiratet wird oder nicht.

**Freiheit**

*Freiheit spielt eine große Rolle. Ist es nicht so, daß im Grunde genommen niemand seine Freiheit verlieren darf, weder in der Ehe noch in der Partnerschaft?*

Das war ja der große Einschnitt in der historischen Entwicklung: Freiheit, Gleichheit, Brüderlichkeit; wie schon gesagt, leider keine Schwesterlichkeit! Seit Freiheit als Möglichkeit nicht mehr nur der obersten Klasse der Gesellschaft vorbehalten ist, fordern wir natürlich zunehmend die demokratische Gleichberechtigung.

*Das würde also heißen, daß in einer idealen Partnerschaft jeder seine Freiheit bewahren könnte?*

Ich glaube überhaupt nicht an Ideale. Ideale halte ich für unglaublich gefährlich. Stalin, Hitler u. a. haben ja gezeigt, zu welchen Grausamkeiten ‹Ideale› führen können. In seinen Idealen sieht der einzelne die Welt ja so, wie er glaubt, daß sie sein sollte, und nicht, wie sie wirklich ist. Also, die ideale Partnerschaft bedeutet, daß der eine Partner im andern sein Idealbild sucht und damit einem Trugbild verfällt. Ideal sind wir alle nicht, und deshalb glaube ich nicht, daß eine Partnerschaft ideal sein kann, sondern sie ist gut, wenn man sich gegenseitig gelten läßt.

*Aha! Das bedeutet, daß jeder dem andern seine Freiheit läßt?*

Ja, aber das ist auch wiederum eine schwierige Geschichte. Denn wenn Sie eine Partnerschaft haben, sind Sie, ob Sie es wollen oder nicht, an den Wunsch gebunden, der Partner oder die Partnerin möge, zum Beispiel, treu sein. Treue ist zweifellos ein wichtiger Faktor in der Partnerschaft und in der Ehe. Ja, aber wie ist denn das auf der Straße, im Café, bei einer Einladung, wenn die Frau einen anziehenden Mann sieht oder der Mann einer attraktiven Frau begegnet und in der Phantasie sich Wunschbilder breit machen? Dann funktioniert doch meistens bei einem mit seinem/r Partner/in verbundenen Menschen eine Art Barriere, und er verzichtet aus Gefühls- und Vernunftsgründen, um den Partner oder die Partnerin nicht zu verletzen. Die absolute Freiheit bleibt wohl immer Illusion, wenn eine tiefere Beziehung zwischen zwei Menschen besteht. Freiheit in einer Partnerschaft und in der Ehe bedeutet, glaube ich, dem andern seine Wesensart und seine beruflichen Neigungen zu lassen und zu versuchen, den andern zu verstehen. Die gegenseitige Rücksichtnahme gehört zu den elementaren Zügen eines Miteinanderlebens.

## Moralische Richtlinien

*Die Freiheit, die man beanspruchen kann, erfährt ihre Grenzen also am andern? So ist eine Partnerschaft ohne moralische, ethische oder religiöse Richtlinien gar nicht möglich?*

Es ist sehr schwierig, Worte wie ‹Moral›, ‹Ethik›, ‹Religion› so allgemein zu gebrauchen. Sie werden individuell unterschiedlich erlebt und benutzt. Was ist denn Moral? Für Hitler, beispielsweise, war es moralisch, die Juden auszumerzen. Es gibt von Himmler einen Ausspruch, daß es eine große Tat gewesen sei, das Ungeziefer der Juden auszurotten, ohne dabei, so sagt er, «seine menschliche Anständigkeit verloren zu haben». Was also, um Gottes Willen, ist Moral? Hitlers Ziel etwa, die slawischen und jüdischen ‹Untermenschen›, die Zigeuner, die Homosexuellen auszurotten, um dann die großartige, auf einem ‹hohen moralisch-ethischen Stand› sich befindende nordisch-arische Rasse in der Welt herrschen zu lassen? Nun gut, ich würde auch sagen, daß es ohne Moral und Ehtik keine echte Partnerschaft gibt. Nur müssen sich die jeweiligen Partner darüber einigen, was sie unter Moral und Ethik verstehen. Das Sich-Kennenlernen und das Sich-Aussprechen vor dem Zusammenleben ist sehr wichtig, um eine dauerhafte Beziehung aufzubauen.

*Wäre es wünschenswert, unsere Idee von Partnerschaft, auf die Länge gesehen, auf der ganzen Welt zu verbreiten? Unsere Vorstellung von Gleichstellung, von Teilhaben ist doch eine Frucht langer Entwicklung und einer ständig wachsenden Bewußtseinsbildung?*

Ich meine, das Bedürfnis nach Partnerschaft ist auf der Basis einer demokratischen Entwicklung entstanden und verbindet sich mit der Forderung nach Gleichberechtigung eines jeden Individuums. Unser westliches Denken ist nicht einfach übertragbar. In anderen Ländern herrschen andere Kulturen. In jener Region Afrikas, die ich etwas kennengelernt habe, leben vorwiegend Mohammedaner. Die Männer dürfen, wenn sie genug Geld haben, um sie zu ernähren, entsprechend viele Frauen heiraten. Also ist der Mann dort der Herr der Welt der Geschlechter. In solchen Verhältnissen von Partnerschaft zu reden, ist natürlich widersinnig. In jener Gesellschaft aber gilt ein solches Verhalten des Mannes als ethisch und moralisch völlig o. k. Dem Fremden, der verständnislos reagiert, entgegnet er: «Was wollen Sie denn, bei Ihnen in den westlichen Ländern verläßt ein älterer Mann seine gleichaltrige Frau, um eine jüngere zu heiraten, und die Verlassene ist dann oft finanziell sehr schlecht gestellt. Wir aber sind moralisch und gesetzlich verpflichtet, unsere Frauen bis ans Lebensende zu ernähren.»

Wir können natürlich in einem Land, in dem Sitten herrschen, die auf ganz anderen Vorstellungen von Ethik und Moral beruhen und die eine lange Tradition hinter sich haben, kein partnerschaftliches Verhalten in unserem Sinn erwarten! Zudem wurden diese Völker von unseren technischen Errungenschaften überrollt, mit denen sie noch nicht umgehen können; sie sind kolonisiert, unterdrückt und auch wirklich ausgebeutet worden. Wir Weißen haben, im allgemeinen, kein mit-menschliches Verhalten gezeigt, sondern es galt nur die Macht des Stärkeren. Und unser sogenanntes partnerschaftliches Verhalten allen diesen Völkern gegenüber befindet sich erst im Anfangsstadium eines Umwandlungsprozesses, wenn es überhaupt vorhanden ist. Ich denke, Partnerschaft mit der Dritten Welt heißt, daß wir sie an unserem Wohlstand teilnehmen lassen und uns ihr gegenüber einigermaßen fair verhalten. Nur, wie gesagt, wir kämpfen noch mit der langen, langen Tradition unserer absoluten Rücksichtslosigkeit der Dritten Welt gegenüber, auf deren Kosten sich unser Wohlstand weitgehend aufbaut.

Partnerschaft bedeutet hier also: wir wollen euch nicht mehr kolonisieren, wir wollen euch nicht mehr unterdrücken, wir wollen euch nicht mehr ausbeuten, wir wollen versuchen, euch zu verstehen, wir wollen euch teilhaben lassen an unserer industriellen Entwicklung, an unserem Reichtum. Daß wir diesen Wunsch haben, auch wenn das nur wenige von uns sind, ist gut und schön. Wie er im einzelnen gegenüber einer Welt verwirklicht werden soll, die unter Partnerschaft etwas ganz anderes versteht als wir, ist nicht leicht festzulegen — bestimmt aber eine riesengroße Aufgabe.

*Sie sprechen über die traditionell geprägten verschiedenen Auffassungen von Partnerschaft unter den Völkern. Wie ist es, wenn eine Frau aus unserer Kultur ihrem fremdländischen Partner in seine Heimat folgt?*

Jedenfalls tut sie gut daran, sich vorher genau über die anderen Sitten und Gebräuche, über die Traditionen, über die Lebensauffassung den Frauen gegenüber zu unterrichten. Vielleicht bleibt ihr dann mancher Kummer erspart.

### In der Wirtschaft

*«Wer im Glashaus sitzt, soll keine Steine werfen», heißt ein schöner Spruch. Geht es denn bei uns am Arbeitsplatz, in der Wirtschaft, in der Politik so partnerschaftlich zu und her?*

Natürlich nicht. Sehr oft verdient die Frau für die gleiche Arbeit wie der Mann bedeutend weniger. Um eine ihren Fähigkeiten entsprechende Stelle zu bekommen, muß eine Frau bekanntlich sehr viel mehr leisten als ein Mann. Die Arbeitgeber, die den Arbeitslohn möglichst niedrig halten wollen, sagen zu den Arbeitnehmern: Kinder, wir wollen zwar Partnerschaft, wir finden den partnerschaftlichen Gedanken sehr gut, wir tragen die Verantwortung, wir brauchen eure Arbeit, aber wir können euch nicht mehr Lohn geben, denn sonst gehen wir bankrott und ihr verliert euren Arbeitsplatz. Das klingt sehr rational, kann zutreffen, braucht es aber nicht. Auch bei uns herrscht wenig partnerschaftliche Gerechtigkeit. Es ist die Zeit der Zweidrittel-Gesellschaft, wo zwei Drittel einigermaßen ordentlich leben und ein Drittel ziemlich schlecht.

*Also, Partnerschaft auf allen Gebieten ist die Idee, deren Verwirklichung wir anzielen sollten?*

Angezielt wird sie. Da brauchen wir nur auf die Französische Revolution zurückzukommen: Gleichheit, Freiheit, Brüderlichkeit — und bitte auch die Schwesterlichkeit! Aber auch diese Periode war zeitweilig von Fanatikern beherrscht. Zur Partnerschaft gehört Ratio und Realitätssinn, weswegen sie oft nichts als eine schöne Utopie ist.

*Kommen wir jetzt auf die Partnerschaft im mitmenschlichen Zusammenleben zurück. Müßte nicht im Grunde genommen der einzelne fähig sein — oder dazu erzogen werden —, nicht bei der ersten auftretenden Schwierigkeit die Flinte ins Korn zu werfen und davonzulaufen?*

### Erziehung

Mit moralisierenden Vokabeln wie ‹müssen› und ‹sollen› kommen wir, glaube ich, nicht viel weiter. Wie aber kann man Menschen helfen, daß sie lernen, nicht bei der ersten Schwierigkeit die Flinte ins Korn zu werfen? Kinder sind naturgemäß weniger fähig, Enttäuschungen zu ertragen, als Erwachsene. Das ist etwas, was man erst langsam lernt oder vielleicht weniger lernt oder vielleicht auch nie lernt. Es gibt immer Zeiten im Laufe eines Lebens oder im Laufe der Historie, in denen man — ob man will oder nicht — Enttäuschungen ertragen muß. Dazu im täglichen Leben fähig zu werden, gehört zur Reife eines Menschen. Ein Kind, dessen beste(r) Freund(in) an einem Tage ein anderes Kind bevorzugt oder ihm ein Spielzeug wegnimmt, wird je nach Alter, in dem es sich befindet, sagen: «Ich will nie mehr etwas von dir wissen», und/oder es argumentierend ertragen, ohne die Freundschaft für alle Ewigkeit zu kündigen, was sowieso am nächsten Tag vergessen sein wird.

Einigermaßen erwachsen zu werden ist die Grundbedingung dafür, daß man nicht bei jeder kleinsten Enttäuschung davonläuft. Früher waren die Menschen sicherlich nicht erwachsener als heute, nur war der gesellschaftliche Zwang so groß, daß sie gar nicht auseinandergehen konnten. Heute hingegen müssen sie aus eigener Reife Enttäuschungen ertragen können, damit ihre Beziehung nicht bei jeder kleinen Enttäuschung gleich auseinanderbricht. Eigene Reife aber kann nicht durch äußere Zwänge, Gebote und Verbote erreicht werden.

*Sondern . . .?*

Das Erwachsenwerden ist ein schwer zu beschreibender Prozeß, auch wenn vieles darüber geschrieben wurde. In der Psychoanalyse spielt das Wissen um den seelischen Prozeß der Entwicklung des Menschen eine zentrale Rolle.

*Es gibt aber unzählige Menschen, die weder in die Psychoanalyse gehen noch sogenannte Lebenshilfe-Bücher lesen. Wäre das nicht die Aufgabe der Schule und der Erziehung zu Hause?*

‹Erziehen› eignet sich häufig dazu, den Menschen zu verbiegen und zu verderben. Die autoritäre Erziehung, unter der wir über Jahrhunderte geächzt haben und die in Deutschland mit dazu beigetragen hat, daß ein Hitler die Macht ergreifen konnte, zeigt uns, wie mißtrauisch wir mit ‹Erziehung› umgehen müssen. Manche, vor allem die Erzieher, sind davon überzeugt, daß nur die Erziehenden wissen, was richtig ist: So müßt ihr sein und nicht anders; ein Mann muß hart wie Stahl und kriegerisch, kämpferisch und durchsetzungsfähig sein, eine Frau muß liebevoll, nachgiebig und aufopfernd sein. Erziehung kann zu schrecklichen Verbiegungen und Gewissenspathologien führen, ganze Gesellschaften zu Fanatikern machen, so daß schließlich ein Auschwitz möglich wird.

Ich denke doch, daß Erziehung mit dem Ziel, Menschen so zu formen, wie man glaubt, daß sie sein müßten, die Menschheit in erhebliches Unglück gestürzt hat. Eine sinnvollere Pädagogik versucht, die

Menschen nicht mehr zu zwingen, so zu werden, wie unsere jeweiligen z. T. fürchterlichen Idealbilder und Rollenvorstellungen uns glauben lassen, daß es das Richtige sei. Sie möchte die Menschen dann höchstens darin unterstützen, frustrationsfähiger und einfühlsamer zu werden, d. h. sie möchte Hilfe leisten bei der schwierigen Aufgabe des Erwachsenwerdens.

### Autoritär — anti-autoritär

*Hat aber die anti-autoritäre Erziehung, als Reaktion auf die autoritäre Erziehung, nicht vielleicht gar den Egoismus gefördert?*

Da bin ich nicht so sicher. Ich glaube, die antiautoritäre Erziehung hat sehr viel Gutes und Brauchbares gefördert. Es wurde anders als bisher versucht, auf die Kinder einzugehen und darauf zu achten, daß sie selber ihrem Denken, Fühlen und Wollen Ausdruck geben können. Allerdings, wenn antiautoritäre Erziehung zur Ideologie wird, haben wir es mit neuen Zwängen, einem falschen Bewußtsein zu tun. Dann versagt die antiautoritäre Erziehung als ein besserer Weg zur Einfühlung in die kindliche Seele, deren Bedürfnisse und Phantasien, und wird zu einer neuen Art von Fundamentalismus. Wenn ein Kind aber letztlich ohne Einfühlung in seine jeweilige Eigenart behandelt wird, kann es selber die Fähigkeit zur Einfühlung in sich und andere nicht entwickeln. Wer von früh an erlebt, daß er/sie respektiert wird, verinnerlicht das

106

und lernt dadurch, auch den andern zu respektieren. Was schließlich als gute Voraussetzung für Partnerschaft gelten kann.

Es gibt viele Eltern und Lehrer, die in ihrer Form der antiautoritären Erziehung beides gefördert haben, sowohl den Respekt vor dem Kind als auch den Respekt des Kindes vor dem andern. Autoritäre Erziehung im traditionellen Sinn jedoch bedeutet weder Respekt vor dem Kind noch Respekt vor dem andern. Sie bedeutet Zwang, Einfühlungslosigkeit, Nicht-Verstehen und das Einimpfen von Geboten und Verboten, von unkritischem Gehorsam. Vorbedingung für partnerschaftliches Verhalten ist aber Einfühlung und Respekt vor sich wie vor andern.

*Dann fängt also, im Grunde genommen, die Partnerschaft, die funktionieren soll, in der Kindheit an?*

Das ist anzunehmen.

## Geld verdienen

*Was halten Sie von der These, daß immer häufiger die Beziehungen auseinanderbrechen, weil die Partner nur noch ans Geldverdienen denken und keine wirklichen Interessen und Steckenpferde mehr haben?*

Da bin ich nicht so sicher. Ich glaube, daß es seit Menschengedenken immer Leute gab, die sich mit dem einen oder der anderen genauso gelangweilt haben wie mit sich selber. Es ist, meine ich, nicht unbedingt ein Phänomen unserer Zeit, obwohl vielleicht das Freizeit-Überangebot die Menschen eher lähmt als fördert. Viele sind nur an Wohlstand, Ferien und Konsum interessiert, und unter solchen Bedingungen verflacht natürlich die Beziehung zu sich und anderen. Andererseits kennen wir ja genügend Menschen, die ein Leben lang, schon aus Gewohnheit, zusammenbleiben, auch wenn sie sich mit sich und dem/der Partner/in langweilen.

*Hat sich nach Ihren Erfahrungen, sowohl mit Partnern, die glücklich sind, wie auch mit Partnern, die auseinandergehen, in den letzten 25 Jahren etwas geändert?*

O ja. Das Frau-Mann-Verhältnis hat sich in dieser Zeitspanne sicherlich geändert. Die Frau versucht, sich von dem ihr seit Jahrhunderten oder Jahrtausenden aufoktroyierten Gefühl, ohne den Mann nichts zu sein, zu befreien. Sie tritt aus der bisherigen Wertewelt, in der sie erzogen wurde, heraus — einer Wertewelt, die natürlich von Männern gemacht wurde und in der die geschlechtsspezifischen Rollen und Verhaltensweisen kategorisch festgelegt waren. Aber die Zeiten haben sich geändert; heute sind auch viele Männer skeptisch gegenüber diesem Männlichkeitswahn von Härte, Durchsetzungsfähigkeit, falschem Ehrgefühl und einem ‹Sich-der-Gesellschaft-gegenüber-dauernd-beweisen-Müssen›. Der nachdenkliche Mann zumindest stellt diese Wertordnung wie auch die festgefahrenen Weiblichkeitsvorstellungen zunehmend in Frage und spürt, wieviel interessanter das Zusammenleben ist, wenn jeder Partner seine Talente und Eigenschaften in die Partnerschaft einbringt, völlig unabhängig von Geschlecht und starren Rollenvorstellungen. Es kann ja durchaus sein, daß die Frau viel begabter ist als Hochbauzeichnerin, als technische Beraterin, als Chefeinkäuferin oder was auch immer, und der Mann stattdessen lieber und auch besser mit Kindern im Kindergarten oder als Pfleger im Spital arbeitet. Es muß nicht sein, aber es könnte ja sein. Warum nicht? Das sind kleine Beispiele eines Rollenspiels, wo jede und jeder lernen soll, seine Talente unabhängig vom Geschlecht, von anachronistischen Vorstellungen von Ehre und Würde, in der Partnerschaft zu verwerten. Daß viele Männer wahnsinnige Angst davor haben, daß ihre Wertordnung und damit ihre Vorrangstellung ins Wanken gerät, ist klar.

### Erst prüfen

*Ist es zumutbar, die negativen Eigenschaften eines Partners vor einer definitiven Bindung zu sehen und sich erst nach eingehender Prüfung für oder gegen eine Partnerschaft zu entscheiden, selbst wenn man verliebt ist?*

Zumutbar schon, aber ob man es im unkritischen Zustand der Verliebtheit macht, ist eine ganz andere Frage. Ich denke aber, jeder halbwegs intelligente Mensch wird sich einiges überlegen, bevor er sich auf ewig bindet. Die Frage ist natürlich, was man unter negativ versteht — jedenfalls sind es Eigenschaften, die der eine beim andern nicht gut verträgt. Solche Unverträglichkeiten rechtzeitig zu erkennen, wäre natürlich in jedem Falle gut. Das ist, glaube ich, ein wichtiger Punkt. Eine weitere Schwierigkeit sehe ich, wenn einer glaubt, ohne psychologische, ärztliche Hilfe, nur dank seiner/ihrer Liebe den andern von seiner Sucht — Alkohol, Drogen und dergleichen mehr — heilen zu können — unendliche Tragödien sind dann bereits vorprogrammiert.

Aber eigentlich finde ich, daß in vielem die heutigen Beziehungen, die Partnerschaften, mit mehr Vernunft und Kenntnis voneinander eingegangen werden als früher. Über lange Zeiten heiratete man, ohne sich genau oder überhaupt zu kennen, und das ging auch oft sehr schnell schief. Oder man war ein ganzes Leben lang unglücklich, weil man einander im Grunde nicht verstehen konnte und eben auch die verschiedenen Eigenschaften, die jeder beim andern erst langsam kennenlernte, nicht ertrug. Das führte dann oft zu größerem Unglück als heute, wo man erst zusammenlebt, bevor geheiratet wird. Für viele ist das ohne Zweifel vernünftiger.

*Und wenn Kinder kommen?*

Das wird im allgemeinen eine Entscheidung sein, die beide Partner oder beide Eheleute gemeinsam treffen und woraus sie die entsprechenden Konsequenzen ziehen, eventuell Abschreibungen an ihrer Berufskarriere machen müssen. Wenn das nur die Frau trifft, ist das sicherlich schlecht. Sie wird heutzutage von ihm erwarten, daß er genausoviel Abstriche, wenn auch manchmal anderer Art macht, wie sie es tun muß. Er kann dann unter diesen Umständen vielleicht nicht so schnell Karriere machen, nimmt aber dafür Rücksicht auf sie, damit auch sie ihre berufliche Erfüllung findet, wie immer die aussehen mag. Partnerschaft impliziert nun einmal das Teilen, da muß man auch sich einigen, wie und auf welche Weise man beruflich und familiär teilen will.

*Und wieder komme ich auf eine Frage zurück, die noch nicht erschöpfend beantwortet ist. Was versteht man unter gut funktionierender Partnerschaft?*

### Miteinander Gespräche führen

Ich fürchte, das ist individuell so unterschiedlich, daß es darauf keine allgemeingültig erschöpfende Antwort gibt. Vielleicht kann man sagen, daß eine Partnerschaft funktioniert, wenn man sich nicht miteinander langweilt, Gespräche miteinander führen kann, gemeinsame Interessen hat und vieles, vieles mehr. Wenn ich mir vorstelle, ich hätte einen Partner, der überhaupt nichts von dem versteht, was mir außerordentlich interessant und wichtig erscheint, würde ich nichts als fliehen wollen. Wozu ist man denn zusammen, wenn man nicht über gemeinsame Interessen sprechen kann, vom jeweilig andern etwas Neues oder eine andere Sicht der Dinge lernen kann?

*Aber gibt es nicht auch ein Verstummen in einer Partnerschaft oder Ehe? Ich denke hier an die Ehe von Marie und Pierre Curie, dem französisch-polnischen Wissenschaftler-Ehepaar, oder auch an andere Wissenschafts- oder Künstlerpartner, wo sich der eine Teil erst nach dem Tod des Partners voll entfalten kann, wo beispielsweise die ebenso begabte Frau dem Manne hilft und bewußt in den Hintergrund tritt. Wie fühlt sich so eine Frau? Aus was für Gründen macht sie das?*

Das gibt es sicherlich. Aber das ist ein so weites Feld und von Individuum zu Individuum so unterschiedlich, daß wir damit ein neues großes Thema beginnen würden: die Erforschung der Partnerschaften von begabten oder genialen Paaren, wie wir es schon sehr kurz bei Simone de Beauvoir und Sartre versuchten.

*Wie verhält es sich in einer Partnerschaft mit dem eigenen Privatterritorium? Hat nicht fast jeder Mensch einen gewissen inneren Privatbereich, den kein anderer, auch nicht der Partner, berühren darf?*

Da spielt die taktvolle Einfühlung in die Distanzbedürfnisse des anderen eine große Rolle. Man muß spüren, wieviel Nähe der andere erträgt — auch in Gesprächen —, welche Fragen man ihm nicht stellen darf oder wo man warten muß, bis er von sich aus erzählt, was man gerne wissen möchte. Den anderen respektieren bedeutet ja auch, dessen Bedürfnis nach Alleinsein anzunehmen und ihm zuzugestehen, die eigenen Gedanken für sich behalten zu dürfen, wenn er kein Bedürfnis hat, sie mitzuteilen. Das betrifft aber gewöhnlich nur bestimmte Bereiche. Sonst wird man sich die Erlebnisse, die Beobachtungen, die Begegnungen des Tages gegenseitig recht gern erzählen, gegenseitige Anteilnahme am täglichen Leben des anderen pflegen. Nicht selten scheitert allerdings das Zusammenleben zweier Menschen an der Teilnahmslosigkeit eines der beiden Partner.

*Wir haben im Laufe des Gesprächs von Freiheit gesprochen. Die Grenzen des andern bejahen und respektieren, ist das die Freiheit, die man meint?*

Respekt für den andern ist sicherlich die Vorbedingung für eine gute Partnerschaft. Das haben wir, glaube ich, schon oft wiederholt. Freiheit bedeutet, Interessen nachgehen zu können, die der andere vielleicht nicht teilt. Freiheit bedeutet, selbst auf kleinstem Raum sich einen Ort zu schaffen, wohin man sich zurückziehen kann, also eine private Sphäre, die von niemandem, auch nicht vom Partner überschritten werden darf. Diese Rückzugsmöglichkeit ist für das Gelingen einer guten Partnerschaft sehr wichtig. Aber, wie schon gesagt, dies alles muß besprochen und im Rahmen der Gemeinsamkeit gelöst werden.

*Daß der Partner oder die Partnerin stur ist und keine*

113

*andere Meinung verträgt, wäre das nicht ein Grund zum Davonlaufen?*

Wenn eine Partnerschaft daran zerbricht, daß der eine keine andere Meinung erträgt als die eigene, dann hatte diese Partnerschaft sicher wenig Entwicklungschancen und damit auch keine Zukunft.

*Kitten gemeinsam erlebte Erfahrungen und Erlebnisse Menschen aneinander?*

Manchmal ja, manchmal nein, wie wir schon feststellen mußten. Hat man gemeinsam etwas Leidvolles durchgestanden oder etwas Schönes erlebt, eine Zeit, die sehr viel Bereicherung und neues Denken oder eine neue Art, mit dem Beruf umzugehen, gelehrt hat, dann bindet das natürlich in den meisten Fällen.

### Räumliche Trennung

*Wie gehen Partner mit der räumlichen Trennung um? Wenn zum Beispiel der Mann von seiner Firma den Auftrag bekommt, für ein halbes Jahr nach Amerika oder Afrika oder sonstwohin zu fahren, und die Frau muß wegen der Kinder zurückbleiben — würde das Ihrer Meinung nach der Partnerschaft schaden?*

Das kommt sehr darauf an. An und für sich muß es der Partnerschaft nicht schaden. Ich denke, es gibt auch andere Gründe, als nur den einen, daß eine Frau

114

wegen der Kinder zurückbleiben muß. Möglicherweise kann sie wegen ihres eigenen Berufes nicht mit. Oder aber die Frau geht für ein halbes Jahr nach Amerika, und der Mann kann wegen seiner Verpflichtungen dieses halbe Jahr Erfahrung nicht mit ihr teilen. Wenn das eine Partnerschaft zerstört, dann ruht diese auf einem schwachen Fundament. Es gibt aber noch ein anderes Problem: Wenn beide berufstätig sind, was ja heute häufig der Fall ist, und es sind Kinder da, dann müßten beide Partner unter Umständen bereit sein, sich in die Pflege und Betreuung der Kinder zu teilen, vorausgesetzt die Frau möchte weiterhin berufstätig bleiben. Wenn der Mann nicht imstande ist, auf die Situation der Frau einzugehen, muß man sich um eine Lösung bemühen, oder es kommt zu einem Ungleichgewicht, was der Partnerschaft schadet.

*Ja, auch so. Eine räumliche Trennung kann doch ernste Probleme aufwerfen. Eine Frau erklärte mir, ihr Partner müsse notgedrungen in einem Nachbarland arbeiten. Zuerst sei er nur jedes zweite Wochenende nach Hause gekommen, aber sie hätten beide eingesehen, daß das ganz unmöglich sei, denn sie würden den für sie sehr wichtigen Kontakt mit dem täglichen Leben des andern verlieren, und damit fürchteten sie eine Entfremdung. Er käme jetzt, koste es was es wolle, jedes Wochenende nach Hause, und auf diese Weise ließe sich die Trennung ertragen. Beide haben das Gefühl, sonst nirgends sich anlehnen und aussprechen zu können, und gerade darin sehen sie den Hauptwert einer Partnerschaft.*

Sicherlich ist es schwierig, einander so selten zu sehen und die alltäglichen Interessen nicht miteinander zu teilen. Gut vorstellbar, daß das zu einer Entfremdung führt, insbesondere wenn die Beziehung eine so ausschließliche ist, daß mit sonst niemandem Anlehnung und Aussprache gesucht wird.

## Freundschaft — Partnerschaft

*Um nochmals auf die beiden Begriffe Freundschaft und Partnerschaft zurückzukommen. Sind sie tatsächlich so verschieden voneinander?*

Es kommt sehr darauf an, was genau man unter Freundschaft und Partnerschaft versteht. Unter Umständen sind die Abgrenzungen gar nicht so leicht zu machen. In einer ehelichen oder in einer beruflichen Partnerschaft ist man täglich zusammen, teilt die alltäglichen Sorgen und Aufgaben. Freunde hingegen sitzen in der Regel nicht so eng aufeinander. Der Freund oder die Freundin kann mit einem andern Partner verheiratet sein oder arbeiten, die Freundschaft wird trotzdem weiterbestehen. Auch alleinstehende Frauen und Männer haben ihren Freundeskreis, man trifft sich, man erzählt sich viel, man geht zusammen aus, man weiß, daß man sich aufeinander verlassen kann.

Allerdings sind diese engen Freundschaften, wo einer für den andern auch wirklich durch dick und dünn geht, heute, so glaube ich, seltener geworden. Solche intensiven Freundschaften können vor allem in der Pubertät und solange man noch jung und nicht an einen Partner gebunden ist, bestehen. Im Erwachsenenalter dürfte es so sein, daß das Leben die Freunde schon rein räumlich zu weit auseinandergebracht hat und sich auch die Interessen verändern. Diese Art von absoluten Freundschaften, die in der Romantik besungen wurden, wird es heute eher selten geben. Aber — und hier verwischt sich die Grenze von Freundschaft und Partnerschaft — auch in einer Ehe oder sonst einer Lebenspartnerschaft sollten freundschaftliche Gefühle füreinander vorherrschen, sonst sind diese Lebensgemeinschaften zum Scheitern verurteilt. Wenn man jenseits der Verliebtheit, und das heißt natürlich auch jenseits von Idealisierung und Illusion, nicht wirklich freundschaftliche, liebevolle, achtungsvolle Gefühle füreinander hat, sehe ich schwarz für eine dauerhafte Lebensgemeinschaft. Das kann wohl nicht oft genug wiederholt werden.

### Das moderne Leben

*Brauchen nicht beide, die Frau und der Mann, eine gewisse Ruhe und Geborgenheit in ihrer Partnerschaft? Besteht da nicht eine gewisse Diskrepanz zum enormen Tempo unseres heutigen Lebens?*

Ich habe das Gefühl, daß die Menschen eigentlich ganz gut mit der modernen Lebensart, mit der Technik zu Rande kommen — zu gut, was die Folgen, die

Zerstörung der Umwelt betrifft. Man hat sich schnell an Autos gewöhnt, an Mikrowellengeräte, an Computer, an Waschmaschinen, an die Bedienung hochtechnisierter Apparate, an die zunehmende Schnelligkeit der Züge. Manchmal müssen wir innerhalb kürzester Zeit an verschiedenen Orten sein, und das gibt uns das Gefühl, in einer sehr gehetzten, ruhelosen Zeit zu leben. Aber hat das alles wirklich so viel mit der Geborgenheit in der Partnerschaft zu tun? Ich bin mir da gar nicht so sicher. Das Bedauern, daß die Welt nicht mehr so gemächlich ist wie früher, hat ja nicht nur mit der Zerstörung der Umwelt zu tun, sondern ist auch ein Stück Idealisierung der Vergangenheit, die wenig mit deren Realität zu tun hat. Denken wir an die Frühindustrialisierung, wo sogar die Kinder von morgens früh bis spät in die Nacht hinein hart arbeiten mußten und wo die Luftverschmutzung in den industrialisierten Bereichen noch weit höhere Grade erreichte als heute. Ich kann mir nicht vorstellen, daß damals die Eheleute mehr Zeit füreinander und für ihre Kinder hatten als heute. Ich glaube eher das Gegenteil! Wir haben — verglichen mit früheren Zeiten — eine relativ kurze Arbeitszeit, mehr Ferien. Ob wir die uns zur Verfügung stehende Zeit wirklich nutzen oder dem Konsum- und Freizeitterror verfallen, ist eine andere Frage.

*Woran mag es dann liegen, daß viele Menschen abends stöhnend und abgehetzt nach Hause kommen, über den Streß klagen, sich für das Problem des Partners nicht*

*interessieren, nur noch fähig sind, das Fernsehpro-*
*gramm zu konsumieren und oft noch vor dem Bildschirm*
*einnicken?*

Ja, sicherlich; trotzdem — man soll sich keiner Illusion hingeben. Früher mußte die Mehrheit der Menschheit viel mehr Stunden arbeiten als heute; wir sprechen ja nicht von der privilegierten Klasse, sondern vom Durchschnittsbürger und Arbeiter. Viele Menschen erkrankten an den schlechten Arbeitsbedingungen — das mag durchaus auch gegenwärtig der Fall sein — und starben früh. Ich finde diese Verherrlichung der Vergangenheit gefährlich und falsch. Das bedeutet natürlich nicht, daß nicht manches heute schief und gefährlich läuft — ich brauche nur noch mal an die katastrophalen ökologischen Entwicklungen, an die Verdoppelung der Erdbevölkerung seit 35 Jahren und vieles, vieles mehr zu erinnern.

*Wieso entstehen die menschlichen Krisen, über die man*
*liest, von denen man hört? Ehekrisen, auseinanderbre-*
*chende Partnerschaften, Freunde, die einander nicht*
*mehr zuhören, Suche nach der eigenen Identität u. a.?*

Menschliche Krisen hat es sicherlich immer genug gegeben, auch wenn man früher vielleicht noch mehr als heute dazu erzogen wurde, sie zu verdrängen. Erschwerend für eine geduldige Auseinandersetzung, die Zeit braucht, sind wahrscheinlich heute die vielen Möglichkeiten, sich ablenken zu können. Man kommt nach Hause, ißt hastig etwas und drückt dann einfach auf einen Knopf, um sich die Nachrichten, um sich einen Krimi, um sich Sport, um sich eine Show anzusehen, einfach irgend etwas, um seinen Ärger, seinen Streß zu vergessen. Nichts gegen Fernsehen, noch weniger gegen Hörfunk! Sie haben das große Verdienst, die ‹Welt› in die kleinsten Haushalte und bis in die äußerste Ecke unserer Erde zu bringen, so daß die Menschen in den verschiedenen Ländern und Erdteilen viel mehr über einander wissen als früher, wenn auch oberflächlich genug. Aber man verfällt auch der Versuchung, sich abzulenken, statt mit dem Partner über den Ärger im Geschäft zu reden, über die Probleme der Kinder, die Verstehensschwierigkeiten miteinander zu diskutieren oder ganz einfach einander mitzuteilen, was beide interessiert oder worüber beide gern nachdenken würden. Sicher gibt es Krisen, nur — daß es sie mehr gibt als früher, möchte ich bezweifeln. Andere Krisen vielleicht, die aus unserer Zeit und ihren Problemen erwachsen. Mehr Individualität und mehr Freiheit bringen natürlich neue Krisen mit sich.

### Krisen

*. . . die lösbar sind?*

Manche sind lösbar, viele nicht. Das ist schwer zu sagen. Es gibt etwa Krisen zwischen zwei Menschen, die einander nun einfach mal nicht mehr mögen; da gibt es nur Trennung. Daneben gibt es Krisen, die aufgrund ganz bestimmter Empfindlichkeiten, aus Frustrationsintoleranz, aus Neid und Eifersucht entstehen. Diese können lösbar werden, wenn man sich zum Beispiel in einer Psychotherapie oder in Gesprächen besser kennenlernt und dadurch fähiger wird, Enttäuschungen zu ertragen, mit Neidgefühlen umzugehen, den andern besser zu verstehen, so daß man, was der andere sagt, nicht so schnell als Kränkung erleben muß.

*Bringt die vermehrte Freizeit nicht eine Art Teufelskreislauf in Gang? Benutzen nicht viele von uns die Freiheit, um noch mehr Geld zu verdienen, und wo bleibt die Zeit für Gespräche? Gute Gespräche zu führen, gut zu reden miteinander, könnte das die Psychoanalyse ersetzen?*

Das glaube ich nicht. Bei der Psychoanalyse geht es ja nicht um ein Reden miteinander im gewöhnlichen Sinne. Der Analysand wird gebeten und versucht, alles, was ihm durch den Kopf geht, zu sagen, ob wichtig oder unwichtig. Alle seine Kränkungen, alle seine Wünsche, alle seine Phantasien und Erinnerungen, eben alles, was ihm einfällt, und damit kommt er langsam, langsam an das heran, was ihm bisher nicht bewußt war. Dann verknüpft der Therapeut und/oder der Analysand die Einfälle mit früheren Äußerungen, Verhaltensweisen, Erlebnissen aus seiner Kindheit, und es kann begonnen werden, langsam die unbewußten Grundlagen der Wünsche, der Phantasien, der

Verhaltensweisen zu erarbeiten. Zum Beispiel: viele Menschen sind außerordentlich intolerant gegen Abweichungen im sexuellen Verhalten. Und fast regelmäßig zeigt sich in der Analyse, daß diese Intoleranz eine Intoleranz ist gegen die gleichen Tendenzen in ihnen selber; was die eigene Person betrifft, werden sie verdrängt, auf andere verschoben, um die verbotenen und verpönten Neigungen bei ‹Sündenböcken› verfolgen zu können. Daß Feindschaften entstehen, Freundschaften kaputtgehen, daß überhaupt Feindbilder entwickelt werden, hat viel damit zu tun, daß Menschen bestimmte Wünsche, Träume, Verhaltensweisen, Neigungen an sich selber nicht ertragen und sie auf andere projizieren. Die Vermutung, sie bei anderen wahrzunehmen, hält man dann für eine unumstößliche Wahrheit und ist überzeugt, jene anderen mit Recht verfolgen zu dürfen. Aber darüber haben wir schon relativ ausführlich gesprochen.

*Aber wenn dieses Muster in einer Partnerschaft eine Rolle spielt, wird es sich vermutlich verhängnisvoll auswirken?*

Sicher. Ich meine, wenn Menschen das, was in ihnen selber an unbewußten Phantasien, Wünschen und Neigungen vorhanden ist, verdrängen, aber irgendwie als gefährlich für sich spüren und um so massiver unterdrücken müssen, kann es, wenn das Gespräch mit dem Freund oder Partner in die Nähe solcher empfindlichen Themen kommt, zu einem sofortigen

Abbruch der Freundschaft führen. Sie ertragen es nicht und sind unglaublich verletzbar, wenn im Verlauf eines Gesprächs die Wahrheit berührt wird, nämlich daß die bei anderen verabscheuten Neigungen etwas mit eigenen unterdrückten Neigungen zu tun haben. Auch wenn wir im freundschaftlichen Gespräch mit unserem/r Partner/in auf einer bewußten Ebene miteinander reden und einander zu verstehen suchen, kann das Unbewußte durchbrechen und zerstörerisch wirken. Anders in der Psychoanalyse. Da kommt man dank der freien Assoziationen an Phantasien heran, die dem Analysanden vorher gar nicht bewußt waren. Er redet ja auch über lange Zeit allein, bis der/die Analytiker/in vielleicht sagt: Hören Sie mal, Sie haben das gesagt, und Sie haben jenes gesagt, bestimmte Gefühle mir gegenüber geäußert, Verhaltensweisen gezeigt; wenn man dies zusammenfügt, dann scheinen Sie doch diese oder jene Gefühle und Ängste zu haben oder damals etwas auf diese oder jene Weise erlebt zu haben, was sich heute so und so auswirkt. Als Analytiker deutet man nur oder fügt zusammen und hat kein oberflächlich freundschaftliches Gespräch mit dem Analysanden. Mit diesem recht unzureichenden Versuch, die analytische Arbeitsweise darzustellen, wollte ich Ihnen nur zeigen, wo der Unterschied liegt zwischen einem normal-freundschaftlichen Gespräch zwischen Partnern und Freunden und dem ‹Gespräch› des Psychoanalytikers und seines Analysanden.

*Ich verstehe. Aber dann müßte man ja — etwas über-*
*spitzt — sagen, daß jeder Partner, bevor er eine*
*dauernde Beziehung eingeht — und fast jeder Mensch*
*hofft ja auf eine dauernde Partnerschaft —, sich einer*
*Psychoanalyse unterziehen sollte?*

Das geht natürlich nicht. Eine Psychoanalyse ist etwas
ungeheuer Aufwendiges. Weder Zeit noch Geld noch
Neigung wird dazu bei jedem vorhanden sein. Außerdem kann auch nicht jeder Psychoanalytiker oder jede
Psychoanalytikerin den andern, auch das Unbewußte
des andern oder der anderen, immer verstehen. Man
sollte die Psychoanalyse bestimmt nicht für ein All-
heilmittel halten, das jedem nützt. Nicht jede Analyse
ist erfolgreich, und nicht für jeden ist eine Analyse das,
was er/sie braucht.

*Ist die Psychoanalyse ein Ersatz für die Beichte?*

Sie ist etwas völlig anderes. In der Beichte beichtet
man bewußte Taten oder Gedanken, die man began-
gen oder gedacht hat und die einem Schuldgefühle
machen. In der Psychoanalyse dagegen versucht man,
unbewußte Taten, Phantasien, Verhaltensweisen,
Schuldgefühle oder unbewußte Motive für Verhaltensweisen zu ergründen. Beichte hat viel mit dem Bewußtsein, wenig mit dem Unbewußten zu tun und
dient der Reue und Schuldentlastung. Psychoanalyse

hingegen ist keine Schuldentlastung, sondern es werden die Gründe, die Motive für Schuldgefühle gesucht — sowie die Fähigkeit in sich entdeckt, zu erkennen, ob die Schuldgefühle zu Recht bestehen — die man vielleicht zu ertragen lernen muß —, oder aber die Fähigkeit zur Wiedergutmachung — wenn nicht die Einsicht, daß es sich um neurotische, irrationale Schuldgefühle handelt, die eine bestimmte Rolle im seelischen Haushalt spielen, die aber mit der Wirklichkeit nur wenig zu tun haben.

*Kennen Sie gut funktionierende Partnerschaften?*

Ja, sicher. Solche funktionierenden Partnerschaften sind nicht krisenlos, wohlgemerkt. Ich kenne viele gute Partnerschaften, die manche Krisen miteinander durchgemacht haben, viele Auseinandersetzungen hatten, aber die doch ein Leben lang gehalten haben, mit und ohne Kinder. Es gibt sie. Aber man muß wissen, daß es zwischen Menschen immer wieder Konflikte gibt und wir auch konfliktfähig werden und bleiben sollten. In einer Partnerschaft sind Auseinandersetzungen notwendig. Denn wenn man alles oder allzuvieles unterdrückt und schluckt, trägt das zu inneren Spannungen bei, die dann ihrerseits die Beziehung stören. Es ist gut, sich streiten zu können — wir reden heutzutage viel von Streitkultur —, ohne sich zu zerstören und auf einer fairen, möglichst klärenden Ebene der Auseinandersetzung.

Wir machen manches falsch

*Also werden wir auch akzeptieren, daß nicht alle Konflikte lösbar sind?*

Sicher. Wir müssen lernen zu ertragen, daß wir im Laufe unseres Lebens — ob wir wollen oder nicht — manches falsch machen, Schuld auf uns laden und uns deshalb beschämt oder schuldig fühlen. So wie wir einsehen müssen, daß der Partner immer irgendwie anders ist als wir und daß wir einander immer wieder, oft unbewußt, verletzen und nur schwer verstehen. Auch daß Konflikte sich nicht in Friede-Freude-Eierkuchen auflösen lassen, sondern daß sie aufgrund der unterschiedlichen Persönlichkeiten, die wir nun mal sind, unvermeidlich sind.

*Gibt es Konflikte, wo der eine völlig unschuldig, der andere allein schuldig ist?*

Diese Verteilung von Schuld und Unschuld wird oft versucht, nur stimmt sie nie. Wenn der eine Teil auf seiner Unschuld beharrt und nicht die Hintergründe anerkennt, die vielleicht zur äußerlich sichtbaren Schuld des andern geführt haben, dann wird es auf Dauer keinen aufrichtigen Weg der Verständigung zwischen den Partnern geben. Ich spreche hier natürlich nicht von Verhältnissen, in denen es eindeutige Täter und eindeutige Opfer gibt, wie bei sexueller Gewalt, bei Gewalt gegen Minderheiten, den Pogro-

126

men, denen wir heute wieder ausgesetzt sind, aber alle diese Delikte haben ja nun auch nichts mit Partnerschaft zu tun, es sei denn — man denke an die oft zustimmende Haltung der Bevölkerung heute —, es handle sich um eine offene oder geheime Partnerschaft von Tätern.

### Geborgenheit

*Stärkt Partnerschaft die Selbständigkeit des einzelnen, gerade weil ihm die enge Beziehung Geborgenheit, Schutz und eine Rückzugsmöglichkeit gewährt?*

Das kommt natürlich sehr auf die Partnerschaft an. Eine Partnerschaft, um es zu wiederholen, in der Fairness im Streit nicht verlorengeht, in der die Partner einander respektieren, den andern als andern anerkennen und wissen, daß der andere nicht ein Teil von einem selbst ist, sich davor hüten, ihn ganz und gar für sich zu vereinnahmen, eine solche Partnerschaft verleiht dem einzelnen sicher Stärke, Selbstvertrauen und Geborgenheit. Aber auch in der besten Partnerschaft wird es Zeiten geben, in denen der eine oder der andere sich verloren und verlassen fühlt.

*Ein einzelner, der mit Worten und Gesten angegriffen wird — und oft ist es so, als zöge er die Angriffe geradezu auf sich —, fühlt sich wehrlos. In einer Partnerschaft würden vermutlich diese Angriffe nicht erfolgen — aus Feigheit, aus Angst vor dem andern Partner?*

Das ist ganz sicher, vor allem, wenn es um Frauen geht. Frauen, das wissen wir natürlich, werden häufiger angegriffen, wenn sie allein sind. Haben sie einen Partner, den man fürchtet, den man für einigermaßen stark und mächtig hält, greift man Frauen viel weniger an, aus Angst vor dem Partner, der sie verteidigen würde. Je schutzloser ein Mensch ist, und Frauen sind in dieser Gesellschaft oft sehr schutzlos, um so mehr greift man ihn auch an.

### Die Menschheit verändern

*Es ist also unsere Gesellschaft, welche die Normen setzt?*

Ja, wer denn sonst?

*Ja, aber was heißt ‹Gesellschaft›? Gesellschaft — das sind doch wir. Wir Menschen setzen also die Normen fest? Man kann sich nicht kleiden, nicht benehmen, nicht mit jemand zusammenleben, wie man will, ohne Kritik zu riskieren, ohne gemaßregelt zu werden, weil es nicht gesellschaftskonform ist?*

Sagen wir mal, bestimmte Normen, bestimmte Werte spielen in der Gesellschaft eine große Rolle. Es scheint mir fraglos, daß Frauen manches ändern könnten, wenn sie tatsächlich die Gesellschaft mitbestimmten. Heute herrschen immer noch weitgehend vorgegebene Richtlinien, auf die sich die Frauen und Männer einstellen. Auch wenn sich eine Mutter dazu entschlossen hat, ihre Kinder nicht nach den herrschenden Rollenbildern zu erziehen, hat sie unbewußt diese Normen verinnerlicht und kann oft gar nicht anders, als ihren Kindern die gleichen Grundsätze und Verhaltensweisen weiter zu vermitteln.

Daß also die Normen unbewußt noch wirksam sind, ist nicht zu vermeiden, aber wir leben ja nicht mehr in einer Gesellschaft, die einem einzigen Weltbild folgt. Die Wertvorstellungen sind im Prozeß des Sichänderns, insbesondere was Männlichkeit und was Weiblichkeit betrifft. Und wenn untergründig vieles unverändert scheint, so können und sollen wir uns doch dagegen wehren. Wir können darüber schreiben, darüber sprechen und Kritik anmelden, was in einer Diktatur unmöglich wäre, sei es nun in einer politischen Diktatur wie unter Hitler und Stalin, sei es in einer religiösen Diktatur wie im islamischen Fundamentalismus oder auch über lange Zeit in den christlichen Kirchen mit ihren patriarchalischen Herrschaftsverhältnissen.

*Hängt das damit zusammen, daß die Mobilität, also die Beweglichkeit des einzelnen gewachsen ist? Früher gab es rein katholische und rein evangelische Gegenden, wo verschiedene Sitten und Gebräuche herrschten. Heute ist das vollkommen durcheinandergeraten?*

Wir leben heute in einer multikulturellen, mobilen Gesellschaft. Dadurch, daß wir nicht mehr von der

Geburt bis zum Grab am selben Ort leben, hat sich auch beim einzelnen die Starrheit der Wertvorstellungen gelockert, so daß unterschiedliche Wertvorstellungen nebeneinander existieren. Partnerschaft und Partner gehören in die Zeit der demokratischen Gleichberechtigung, zumindest in der westlichen Gesellschaft.

*Also leben wir in einer Zeit des Umbruchs, in der sich sowohl die Singles wie die Partner neu orientieren? Ist das wirklich möglich? Die menschlichen Eigenschaften wie Egoismus und Selbstsucht sind ja uralt. Kann sich die Menschheit tatsächlich in einem Reifeprozeß verändern?*

Wir können das zumindest hoffen und unser Möglichstes zur Aufklärung anachronistischer Zustände, Sitten, Verhaltensweisen, ‹Ideale› und deren Verinnerlichungen tun.

Es ist auch unübersehbar, daß manches an starren Vorurteilen und Rollenbildern schon in Bewegung geraten ist. Was ins allgemeine Bewußtsein eingedrungen ist, läßt sich so leicht nicht mehr rückgängig machen.

# ANHANG

# Danish Dynamite

Als Brian Laudrup und Flemming Povlsen, die beiden dänischen Profis in deutschen Diensten, in die Knie zu gehen drohten, als das gesamte dänische Team stehend k. o. zu sein schien: da ahnten wir nicht nur, da wußten wir, daß «Danish Dynamite», diese Mischung aus Unbekümmertheit, Spontaneität, Witz, Spielfreude, Aggressivität und Kampfkraft, den Deutschen endgültig den Schneid abgekauft und das Finale um die Fußball-Europameisterschaft gewonnen hatte. Die Dänen waren, wie es im einschlägigen Jargon heißt, lange Wege und bis an die Grenze ihrer Physis gegangen, um ein Match für sich zu entscheiden, das schon vor Beginn verloren schien.

Wer Margarete Mitscherlich-Nielsen, 1917 im süddänischen Graasten geboren, kennt, mag geneigt sein, in ihr den Inbegriff jener Eigenschaften und Tugenden zu sehen, die man den Dänen gerne nachsagt: In ihrer Person mischt sich eine Portion Anarchie und wilder Erdbeeren mit dem Willen zum Handeln, Nonkonformismus mit Durchsetzungskraft, Humor und intellektuelle Kreativität mit entschlossener Härte, Einfühlungsgabe mit der Fähigkeit zu ironischer Distanz. Und so wie die Dänen, entschiedene Republikaner, ihre Monarchie und ihre Königin Margrethe hingebungsvoll verehren, so erkennen wir in der anderen Margarete eine Frau, die, weil sie auf eine bedeutende Weise über ihr geistiges Imperium gebietet, sagen wir es ruhig, zum Vorbild für viele geworden ist. Man kann überzeugter Republikaner sein und dennoch das Repräsentative verehren.

Wenn irgend etwas charakteristisch für Margarete Mitscherlich ist, dann der durchgehaltene Wille zur Unabhängigkeit. Trotz der langen, produktiven Lebens- und Arbeitsgemeinschaft mit ihrem Mann, Alexander Mitscherlich, die ihren öffentlich sichtbarsten Ausdruck in dem gemeinsam publizierten Werk *Die Unfähigkeit zu trauern* (1967) fand, hat sie immer auch eigene Wege gewählt — selbstbewußt, kraftvoll, allem Lebendigen zugetan.

Eine psychoanalytische Karriere war ihr nicht vorgezeichnet. Margarete Mitscherlichs erste große Liebe galt der Literatur, die ihr in ihrem gutbürgerlichen Elternhaus — die Mutter war Deutsche, der Vater Däne — vermittelt wurde. Dieser Leidenschaft entsprang folgerichtig der Wunsch, nach dem Schulabschluß die Literaturen zu studieren: 1937 belegt sie an der Münchener Universität die Fächer Germanistik und Anglistik, dazu Geschichte und Kunstgeschichte. Wer mit Margarete Mitscherlichs Veröffentlichungen vertraut ist, weiß, wie prägnant dieses früh ausgebildete Interesse an Literatur und Kunst seine Spuren hinterlassen hat.

Das von den Nazis an der Philosophischen Fakultät etablierte krude ideologische Klima stößt sie zunehmend ab — sie wechselt, damit auch einem Wunsch des Vaters folgend, zur Medizin über, der sie sich noch in München, dann an den Universitäten von Jena und Heidelberg verschreibt.

Die Zeit in Heidelberg, die bis weit in die sechziger Jahre reichen sollte, sieht Margarete Mitscherlich auch heute noch als die reichste und glücklichste ihres Lebens. Die Begegnung mit Alexander Mitscherlich und der Freudschen Psychoanalyse eröffnen der Ärztin ein ganz neues Feld wissenschaftlicher und praktischer Tätigkeit. Sie zählt zu den Pionieren jener Analytiker-Generation, die nach dem Krieg die Psychoanalyse in Westdeutschland wieder hoffähig machte, nachdem diese unter Hitler zur Emigration (oder auch zur Kollaboration) gezwungen worden war. In London, dem damaligen Mekka der Psychoanalyse, bildet sie sich an Anna Freud, Paula Heimann und Melanie Klein. Der Ferenczi-Schüler Michael Balint ist ihr Lehranalytiker. Weitere Aufenthalte in England und später den Vereinigten Staaten vertiefen die Orientierung an der angelsächsischen Entwicklung der Psychoanalyse. Es ist eine Zeit intensiven Lernens und wissenschaftlicher wie publizistischer Aktivität.

Die Frankfurter Jahre — am dortigen Sigmund-Freud-Institut, als hochangesehene Lehranalytikerin der Deutschen Psychoanalytischen Vereinigung, später in freier Praxis — sind mehr und mehr geprägt von einem neuen Erkenntnisinteresse. Es ist nicht übertrieben, wenn man feststellt, daß Margarete Mitscherlich zu den ersten gehörte, die die Herausforderung der Psychoanalyse durch die neue Frauenbewegung erkannt und angenommen haben. In zahlreichen Publikationen — *Männer* (1980; gemeinsam mit Helga Dierichs), *Die friedfertige Frau* (1985), *Die Zukunft ist weiblich* (1987), *Über die Mühsal der Emanzipation* (1990) — hat sie jene spezifische Leerstelle der Freudschen Theorie besetzt, die den Gründervater zu der ratlosen Frage «Was will das Weib?» getrieben hatte. Als Klinikerin und Schriftstellerin hat Margarete Mitscherlich maßgebend dazu beigetragen, daß Psychoanalyse und Feminismus zu einer produktiven Liaison gefunden haben, die heute im Ernst nicht mehr ignoriert werden kann.

Margarete Mitscherlich mußte in ihrem Leben lange Wege gehen, um das zu werden, was sie heute ist: die First Lady der deutschen Psychoanalyse und des deutschen Feminismus. Dafür hat sie sich nicht wenig gequält — was nicht nur ihr selber, sondern auch vielen anderen zum Guten ausgeschlagen ist.

Manchmal zeigt man uns Bilder, die wir nie mehr vergessen werden: die entspannten, lachenden Gesichter von Brian Laudrup und Flemming Povlsen, den Siegern von Göteborg, nach dem Finale. Ihr Lachen gibt für einen Augenblick die Einsicht preis, daß auch das Realitätsprinzip letztlich nur im Dienste des Lustprinzips steht. Der Signifikant bringt sich durch seine eigene Tätigkeit zum Verschwinden.

Über ein solch selbst-dekonstruierendes Lachen verfügt auch Margarete Mitscherlich. In diesem Lachen nimmt sich der Signifikant selber zurück und auf die Schüppe, weil er erkannt hat, daß das Bezeichnende und Identifizierende, welches jeder geistigen Anstrengung zugrunde liegt, nicht das letzte Wort ist. Lachend weiß diese Frau, daß all die Plackerei, die sie sich aufgebürdet hat, nur ein beschwerlicher Umweg zur Erfüllung ist. So ist das Leben: Es muß diese langen Wege zur Lust gehen.

Morgen wird Margarete Mitscherlich 75. Man glaubt es nicht.

Hans-Martin Lohmann
Süddeutsche Zeitung, 16.7.1992

# Die Energie des Zorns in Einsicht verwandeln

In der breiten Öffentlichkeit verbindet sich heute der Name von Margarete Mitscherlich mit dem listig-aufwieglerischen Titel ihres erfolgreichsten Buches «Die friedfertige Frau». Diese ist das geschichtliche Produkt einer gesellschaftlichen und psychischen Arbeitsteilung zwischen den Geschlechtern, deren fatale Konsequenzen Margarete Mitscherlich aufspürt, deren Ursachen sie analysiert, deren Fortbestehen sie anprangert. Sie wendet sich gegen das sadomasochistische Ineinandergreifen von zwei Mentalitäten. Nicht weniger als die Eroberungsmentalität der Männer denunziert sie die Lust an der weiblichen Aufopferung für die Eroberer.

Wer nur die Präsenz dieser streitbaren – und immer wieder verletzten, mit Häme überzogenen – Intellektuellen in den Medien vor Augen hat; wer nur die Ausstrahlung ihres volkspädagogisch-aufklärerischen Engagements kennt, die große Wirkung der Feministin auf eine ganze Generation jüngerer Frauen; wer auf ihren sichtbaren Erfolg fixiert ist, der mag leicht vergessen, was diesen Erfolg erst möglich gemacht hat. Ich meine nicht den Charme, wenn ich das als Freund sagen darf, den hinreißenden Charme einer wunderbar spontanen, unvermindert neugierigen, selbstkritischen und einfühlsamen Person, sondern in erster Linie die zähe, professionelle, ehrgeizige Arbeit einer kompetenten Ärztin und produktiven Wissenschaftlerin, die in ihrem Fach zu Hause ist und für diese Disziplin mehr tun konnte und mehr getan hat, als es den meisten vergönnt ist.

Wenn man die letzten drei Jahrzehnte der «Psyche» durchblättert, stößt man auf das Gestein der klinischen Arbeit, das den eingängig formulierten Einsichten der populären Schriften erst ihren Halt gibt. Ein Beispiel ist der große Aufsatz über die «Psychoanalyse der Weiblichkeit» aus dem

Jahre 1978. Darin nimmt Margarete Mitscherlich Erkenntnisse von Karen Horney, Margarete Mahler, Melanie Klein und anderen auf, um zu zeigen, wie sich seit den Tagen Freuds das Bild der Psychoanalyse von der weiblichen Sexualität verändert hat — das psychohydraulische Bild von Triebbefriedigung, die Theorie vom Penisneid, überhaupt die biologisch bestimmte Sicht des Geschlechterverhältnisses, die noch unempfindlich war für die Prägekraft von Sozialisationsmustern und kulturellen Vorurteilen. Wie andere Untersuchungen, etwa die über kindliche Schlagephantasien zeigen, gehen die feministisch inspirierten Studien auf Vorarbeiten bis weit in den 60er Jahren zurück. In einem jener letzten Hefte der «Psyche», die antiquarischen Wert erlangen werden, weil sie wegen eines Zerwürfnisses mit der Redaktion unter dem ungewohnten Titel «Psychoanalyse, Klinik und Kulturkritik» erscheinen mußten, finden sich «Erinnerungen an die Entwicklung der Psychoanalyse nach 1945». Dieses spannende und selbstironische Stück *oral history* hat Margarete Mitscherlich letztes Jahr in Kassel auf einer Tagung der Psychoanalytischen Gesellschaft vorgetragen. Mit viel *understatement* und einem Hauch von Altersweisheit beschreibt sie nicht nur ihren eigenen Weg von der anthroposophischen Medizin zur Psychoanalyse. Ihren jungen Zuhörern macht sie hier an einem exemplarischen Stück Geistesgeschichte der Bundesrepublik klar, wie sich die von den Nazis zerstörte Disziplin in mühsamen Etappen allein über einen Austausch mit den nach USA und England vertriebenen Forschern regenerieren konnte — über die persönlichen und wissenschaftlichen Kontakte mit René Spitz, Paula Heimann, Erik Erikson, Fritz Redlich oder Kurt Eisler, die auf Einladung der Mitscherlichs nach Heidelberg, später nach Frankfurt kamen.

Der Abschied von Heidelberg ist Margarete Mitscherlich schwergefallen. Hier wurde sie in den 50er Jahren mit den befremdlichen Kontinuitäten einer scheinbar heilen Welt konfrontiert; andererseits war es ihre glücklichste Zeit: «Irgendwie hatte es dort einen Zusammenhalt gegeben, der nicht nur mit Hilfe von Feindbildern zustande kam . . . Das änderte sich in Frankfurt. Wir saßen in einem Institut eng zusammen, die allwöchentlichen Gäste blieben immer häufiger fern, während die Rivalität untereinander zunahm. Ich nehme an, daß das der Lauf der Dinge ist. Wenn man ‹erwachsen› wird, hört das lustvolle Lernen durch neue Identifikationsfiguren weitgehend auf; man selbst wird oft nolens volens zu einer solchen Figur oder strebt gar danach, was wiederum neue Rivalitäten schafft.»

Aber Margarete Mitscherlich wäre nicht die, die sie ist, wenn sich mit dem Blick in die Vergangenheit nicht das wache Gespür für die Gegenwart verbände. So unterbricht sie die lebhafte Schilderung der Konstellationen an dem berühmten Londoner Institut Ende der 50er Jahre — auf der einen Seite Anna Freud, auf der anderen Seite Melanie Klein und in der Mitte Michael Balint — und fährt mit festem Blick auf die vor ihr sitzenden Kollegen fort: «Seit einigen Jahren sind die Theorien Melanie Kleins in der deutschen Psychoanalyse ‹modern› geworden. Als Analyse könne nur angesehen werden, was bis zum psychotischen Kern eines Menschen vordringe und ihn ‹auflösen› könne. Ich halte dieses Verständnis von Psychoanalyse weitgehend für Ideologie und empfinde es als gefährlich, wenn einem für bestimmte psychoanalytische Theorien Glaubensbekenntnisse abverlangt werden.»

Margarete Mitscherlich, die die Praxis der Auswahl und Ausbildung der jungen Analytiker jahrzehntelang mitbestimmt hat, mußte sich mit der beunruhigenden Frage, was einen guten Analytiker ausmache, immer wieder auseinandersetzen. Im Laufe der Zeit ist ihre Skepsis gewachsen. Heute kritisiert sie Verschulung und autoritäre Verformung der Ausbildungsgänge; sie beklagt den Preis, den die kassenärztliche Anerkennung der Psychoanalyse gefordert hat: den Ausschluß von Laien und die Vernachlässigung des kultur-kritischen Erbes von Freud.

Sie selbst war freilich nie in Gefahr, die politische Spreng-kraft der analytischen Theorie zu entschärfen. Denn ein Thema zieht sich als roter Faden durch alle ihre Arbeiten, bestimmt ihre intellektuellen Eingriffe — «die Notwendigkeit zu trauern». Mit diesem Thema hat sie sich ein Leben lang exponiert, den Angriffen derer ausgesetzt, die es am meisten betrifft. Bei einer Diskussion, in der es um die «Psychoanalyse unter Hitler» ging, hat sie an die zentrale Aussage aus der «Unfähigkeit zu trauern» erinnert: «Die Geschichte wieder-holt sich nicht, und doch verwirklicht sich in ihr ein Wieder-holungszwang. Zu durchbrechen ist er nur, wo historische Ereignisse eine Bewußtseinsänderung hervorrufen ... Eine solche Bewußtseinsänderung hätte sich angekündigt, wenn nach dem Krieg — vielleicht mit Verzögerung — eine Traurig-keit auf der Basis eines Schuldeingeständnisses erfolgt wäre. Ohne eine wenn auch noch so verzögerte Schuldverarbeitung mußte die Trauerarbeit ausbleiben.»

Inzwischen registriert sie mit Erleichterung die eingetrete-nen Veränderungen, insbesondere in den jüngeren Genera-tionen. Sie sieht, daß Deutschland heute nicht mehr «das Land der harten, disziplinierten, soldatischen Männer» ist. Aber auf einem Punkt beharrt sie unnachgiebig: «Je mehr sich die Trauer von uns Deutschen auf den Verlust der nationalen ‹Würde› beschränkt, desto mehr bleibt diese Trauer auf uns selbst fixiert und macht uns dadurch unfähig, uns in andere, aber auch in uns selbst einzufühlen und uns von Lebenslügen zu befreien.»

Jürgen Habermas
Margarete Mitscherlich zum 75. Geburtstag
Frankfurter Rundschau, 17.7.92

Persönliche Erinnerungen an die Wiederbelebung der
Psychoanalyse in Westdeutschland während der ersten
Nachkriegsjahrzehnte

«Oral history» — so pflegen solche Erinnerungen heute
genannt zu werden — dient meist mehr der Mythenbildung
als der Wahrheitsfindung, selbst dann, wenn die Berichter-
statter sich einer wahrheitsgetreuen Wiedergabe des Erlebten verpflichtet fühlen. Ich kann mir deswegen sehr gut
vorstellen, daß bei manchen KollegInnen meine Erinnerungen das gleiche Erstaunen hervorrufen werden, wie ich es oft
empfinde, wenn sie sich ihrerseits über frühere Zeiten äußern. Es ist wohl unvermeidlich, sich damit abzufinden, daß
Erinnerungen immer Dichtung und Wahrheit zugleich sind,
und wir müssen schon zufrieden sein, wenn mit ihnen Entwicklungen, Stimmungen, Ereignisse zumindest tentativ ge-
troffen werden. Die Freunde und KollegInnen aus alten
Zeiten haben ja Gelegenheit, korrigierend einzugreifen, wo
ihre «Wahrheit» mit der meinen nicht übereinstimmt.
  Meine Begegnung mit der Psychoanalyse und ihren Ver-
tretern begann 1947. Natürlich hatte ich schon vorher einiges von und über Freud gelesen, aber der Gedanke, selber
Psychoanalytikerin zu werden, kam bei mir erst in den
Jahren nach Kriegsende auf. Nachdem ich die letzten
Kriegs- und ersten Nachkriegsjahre in meiner dänischen
Heimat verbracht hatte, ging ich 1947 in die Schweiz, um
mich mit anthroposophischer Medizin zu befassen. Trotz
manch interessanter neuer Gesichtspunkte, die ich dort kennenlernte, war mir bald klar, daß es hier nicht um die
Erweiterung medizinischer Kenntnisse, sondern um die Ak-
zeptanz einer Weltanschauung ging. Kritische Distanz war
nicht gefragt. Das bedeutete für mich eine ziemliche Enttäuschung. Als ich in dieser Zeit Alexander Mitscherlich begeg-

nete, schlug er mir vor, die Anthroposophie aus der Sicht der Pychoanalyse zu begreifen und darüber einen Aufsatz für die neugegründete Zeitschrift *Psyche* zu schreiben. Ich fühlte mich entschieden überfordert, da ich zwar hier und da einen Blick in Freuds Werke geworfen, aber die Psychologie doch bisher eher über die Literatur oder gelegentlich auch über Jungs Archetypen zu verstehen versucht hatte. Aus dem Essay «Psychoanalyse der Anthroposophie» wurde also nichts. Immerhin interessierte ich mich seither zunehmend für die Psychoanalyse und immer weniger für die Anthroposophie.

Von Alexander Mitscherlich erfuhr ich über seine Pläne, in Heidelberg eine Abteilung für Psychosomatische Medizin zu gründen. Es war auch die Zeit nach den Nürnberger Ärzteprozessen, an denen er gemeinsam mit Fred Mielke teilgenommen hatte und die später im *Diktat der Menschenverachtung* (1947) bzw. *Medizin ohne Menschlichkeit* (1960) dokumentiert wurden.

1946 hatte Alexander Mitscherlich zusammen mit dem Basler Philosophen Hans Kunz und mit Felix Schottlaender die *Psyche* gegründet, die ursprünglich im Klett-Verlag erscheinen sollte, dort aber tatsächlich erst seit Anfang der fünfziger Jahre verlegt wurde. Die mit der Zeitschrift ursprünglich verbundenen Hoffnungen, eine Fusion der Theorien auf dem Feld der Psychotherapie zustande zu bringen, erwiesen sich als kurzlebig. Was von den Ideen bei ihrer Gründung die Jahre überdauerte, war das Interesse an der Anwendung der Psychoanalyse in Politik und Gesellschaft, in Medizin, Kunst und Literatur. Die Geschichte der *Psyche*, mit der sich zur Zeit Regine Lockot beschäftigt, war von Anfang an konfliktreich und ist es bis heute geblieben. In den vielen Jahren, in denen ich an der wechselvollen Geschichte der Zeitschrift teilhatte, zerbrachen nicht wenige Freundschaften an den unterschiedlichen Vorstellungen von dem, was in ihr Vorrang haben, wie und von wem sie geführt werden sollte. Selbst in dieser doch recht kleinen, von der größeren Öffentlichkeit nur selten wahrgenommenen Zeitschrift waren und sind Machtkämpfe nichts Ungewöhnliches, sowenig wie in der DPV und in fast allen psychoanalytischen Vereinigungen rund um den Erdball. Die Redaktion der *Psyche* hat sich inzwischen gespalten. Ihr größerer Teil hat eine neue Zeitschrift unter dem Titel *Psychoanalyse. Klinik und Kulturkritik* gegründet, die die Tradition der *Psyche* fortführen wird. Sie wird die Erkenntnisse aus der psychoanalytischen Erforschung des Individuums auf die Gesellschaft im weitesten Sinn anwenden und umgekehrt deren Einfluß auf die Entwicklung des Individuums besser zu verstehen versuchen, ein Kreislauf, der sich in dauernder Veränderung befindet. Die Trennung von Menschen, von einer Arbeitsgemeinschaft stimmt traurig, ist aber offenbar unvermeidlich und nicht selten Anlaß zu einer Erweiterung des Denkens, zu einem Abbau von bisher nicht wahrgenommenen Vorurteilen.

Dennoch müssen wir uns fragen: Sind wir Psychoanalytiker besonders streitsüchtig oder ist das nur ein ganz gewöhnlicher menschlicher Vorgang, der Intellektuellen überall eigen ist? Mein Freund Steven Marcus pflegte zu sagen, wenn ich mich darüber beklagte: «You know, Margarete, culture — that is the warfare of intellectuals.» Und wahr ist es ja, daß die Kultur begann, als die Menschen anfingen, miteinander zu reden, auch wenn es Beschimpfungen waren, statt sich mit Keulen oder anderen Waffen zu erschlagen. Ob alle Streitereien zwischen Intellektuellen und Psychoanalytikern kulturfördernd sind, möchte ich allerdings bezweifeln, auch wenn Trennungen sich im menschlichen Leben durchaus als fruchtbar erweisen können. Und das, so hoffe ich, kann auch für eine Zeitschrift zutreffen.

Zurück zu den fünfziger Jahren. Als ich 1950 nach Stuttgart zog, um meine erste Analyse zu beginnen, war das dortige Institut für Psychotherapie, der Tradition des Berliner Göring-Instituts mehr oder weniger folgend, ganz selbstverständlich auf eine Fusion der verschiedenen psychotherapeutischen Schulen eingestellt. Man war dort auf Harmonie gestimmt, alle Richtungen sollten voneinander lernen, ein Polypragmatismus herrschte, der aber eher zu theoretischen Unschärfen und Verflachungen führte als zur Weiterführung der psychoanalytischen Erforschung des Menschen und seiner Gesellschaft.

Als 1949/50 mit Hilfe von Mitteln aus der Rockefeller-Foundation die seit langem geplante Abteilung für Psychosomatische Medizin in Heidelberg schrittweise aufgebaut werden konnte, kehrte Alexander Mitscherlich von Zürich nach Heidelberg zurück. Auch ich verlegte meinen Wohnsitz von Stuttgart nach Heidelberg bzw. Mannheim, um an einer psychotherapeutischen Abteilung für Kinder und Jugendliche zu arbeiten, einer Dependance der Heidelberger Abteilung.

Damals erlebte ich, welche Folgen die Veröffentlichung der Dokumente des Nürnberger Ärzteprozesses für deren Herausgeber hatte. Die Dokumentation wurde von dem bekannten Internisten Professor Rein als eine «Nachtlektüre für Perverse» bezeichnet. Ihre Veröffentlichung und ihr Inhalt wurden Alexander Mitscherlich persönlich angelastet. Zahlreiche Zeitgenossen, die meine private Beziehung zu ihm nicht kannten, beschimpften ihn mir gegenüber als «Nestbeschmutzer» und «Vaterlandsverräter» und versicherten mir wiederholt, daß seine Karrierechancen als Dozent (1947 hatte er sich mit der Arbeit *Vom Ursprung der Sucht* habilitiert) an der Universität gleich Null seien. In der *Göttinger Universitätszeitung* beteiligte sich auch Ferdinand Sauerbruch an der Beschimpfung des unbotmäßigen Dozenten aus Heidelberg. Die Macht, die diese Professoren auch nach dem verlorenen Krieg besaßen, war erstaunlich groß, auch die Bedeutung, die ihnen sogar Alexander Mitscherlich zumaß — sicherlich nicht zu Unrecht, was seine eigene Karriere betraf. Die hierarchischen Verhältnisse an der Universität änderten sich in den fünfziger und bis Ende der sechziger Jahre kaum. Für mich war das verblüffend. Im Ausland hatten deutsche Professoren, nachdem viele von ihnen 1933 und später zu begeisterten Nazis und/oder zu Denunzianten geworden waren, ihr hohes Ansehen längst verloren.

Nicht nur war ich ein Leben lang zwischen zwei Kulturen aufgewachsen, in der die Geschichte und manche Dinge des Lebens unterschiedlich wahrgenommen und bewertet wurden, sondern mir war natürlich auch während der Hitler-Zeit, insbesondere während der Kriegs- und Nachkriegsjahre, sehr deutlich geworden, in welchem Ausmaß überall in der Welt deutsche Verhältnisse, deutsche Denkweisen und Umgangsformen, die zur Nazi-Barbarei geführt hatten, in Frage gestellt und kritisiert wurden. In Heidelberg nun sozusagen eine «heile Welt» vorzufinden, in der man so tat, als sei nichts geschehen, in der «Werte» aus der Vorkriegszeit und gesellschaftliche Verhältnisse, wie sie natürlich nicht nur in der kleinen Universitätsstadt seit langem gang und gäbe waren, unkritisch weitergeführt und übernommen wurden — das war schon verblüffend.

Nach einer geistig und politisch bewegten Übergangszeit, die es auch in Deutschland unmittelbar nach dem Krieg gegeben hatte, in der manche Deutsche sich über die Folgen ihrer furchtbaren Ideale und Handlungen Rechenschaft zu geben versuchten, die sich dann glücklicherweise noch in unserer Verfassung niederschlug, war es überraschend, daß in den fünfziger Jahren alles selbstkritische, um Veränderung bemühte Denken so schnell wieder ad acta gelegt wurde.

Nur keine Konflikte, das war im großen und ganzen auch das Motto der verschiedenen psychotherapeutischen Schulen. Wie in Stuttgart und anderen deutschen Instituten für Psychotherapie spiegelten diese Geisteshaltung auch in gewisser Weise die ersten Jahrgänge der Zeitschrift *Psyche* wider.

In dieser Zeit waren es die Kollegen und Freunde aus dem Ausland, die uns die Freudsche Psychoanalyse neu vermittelten, uns mit deren Weiterentwicklung bekanntmachten und uns dadurch eine neue Sicht der Dinge ermöglichten. Alexander Mitscherlich war 1951 für einige Zeit nach Amerika gegangen und hatte dort alte Freundschaften neubelebt und neue Freundschaften begonnen. Zu ihnen gehörte die zu Fritz Redlich, die sich bis heute erhalten hat. Seit 1949 kamen zahlreiche psychoanalytische Kollegen und Kolleginnen aus den verschiedenen europäischen Ländern und aus den USA nach Heidelberg. Die Psychoanalyse wurde für uns zu einer wesentlichen Denkalternative gegenüber der konservativen Rückkehr zum «Gedankengut» der Vorkriegszeit, ja, des Zweiten Reiches, das das deutsche, und nicht nur das Heidelberger, Geistesleben beherrschte.

Anfang der fünfziger Jahre hatte ich nach zwei kürzeren Analysen das Bedürfnis, mit Hilfe eines Analytikers, der mit der Entwicklung der Psychoanalyse unmittelbar verbunden war, weiter an mir zu arbeiten. Durch Vermittlung von Alexander Mitscherlich erklärte sich Michael Balint dazu bereit, meine Analyse zu übernehmen. Balint war durch seine eigenständigen und originellen psychoanalytischen Beiträge international bekannt geworden. Seine Arbeiten zur «primären Liebe», zur Objektbeziehungstheorie, zur Anwendung der Psychoanalyse in der allgemeinen ärztlichen Praxis, seine Kritik an der hierarchisch strukturierten Ausbildungssituation wurden auch in Deutschland zunehmend rezipiert.

Dieser erste Aufenthalt in London eröffnete mir neue Dimensionen der Wahrnehmung meiner selbst, aber auch der Wahrnehmung einer anderen psychoanalytischen Kultur, als ich sie bisher erlebt hatte. Die deutsche Psychoanalyse erschien mir demgegenüber als ziemlich vorgestrig, was ja auch der Wirklichkeit entsprach.

In London blieben mir die Konflikte zwischen den psychoanalytischen Schulen, wie sie damals bestanden, nicht verborgen. Mit den Einzelheiten dieser Konflikte machten mich 1938 aus Berlin und noch früher aus Frankfurt emigrierte psychoanalytische Kollegen und Kolleginnen bekannt — Einzelheiten, die ich begierig aufsog und als spannend erlebte, auch wenn diese Auseinandersetzungen natürlich für Melanie Klein (vgl. Grosskurth, 1987) und insbesondere für Anna Freud (vgl. Young-Bruehl, 1988) alles andere als erfreulich waren. Aus der deutschen psychoanalytischen Ausbildungsszene stammend (sofern es denn eine gab), wenn auch mit dänischem Paß, war ich manchen Londoner Einschränkungen, was die Teilnahme an Seminaren und anderen Ausbildungsveranstaltungen betraf, weniger unterworfen als die am Ort lebenden Kandidaten. Die Ausbildung war bekanntlich in verschiedene Gruppen aufgeteilt — die Freudianer wollten mit den Kleinianern nur wenig zu tun haben. Neben der A(Klein)- und B(A.-Freud)-Gruppe gab es noch die Middle-group. Zu dieser Gruppe gehörten Balint und Winnicott und viele andere bekannte AnalytikerInnen.

Trotz aller Probleme und Berührungsängste zwischen den einzelnen Gruppen trafen sich am Mittwochabend alle Analytiker Londons, um den Vortrag eines ihrer Mitglieder anzuhören und zu diskutieren. Das war für mich äußerst aufschlußreich. Mein Analytiker Michael Balint sprach über seine Arbeit mit Ärzten, worüber er später das bekannte Buch *Der Arzt, sein Patient und die Krankheit* (Stuttgart 1957) veröffentlichte. Natürlich empfanden viele seiner Kollegen und Kolleginnen diese Art der Anwendung der Psychoanalyse als zweitklassig, insbesondere die Kleinianer lehnten sie ab oder belächelten sie. Auch Melanie Klein äußerte sich mir gegenüber ziemlich verächtlich über die Arbeiten Balints, wie sie überhaupt die meisten Anwendungen der Psychoanalyse als deren Verwässerung ablehnte. Dieselbe Ansicht vertrat damals auch Paula Heimann, die in der kleinianischen Psychoanalyse eine wesentliche Weiterführung der Arbeiten Freuds sah: Freud habe die Tür zum Unbewußten geöffnet, Melanie Klein habe sie weit aufgestoßen. Später trat Paula Heimann bekanntlich aus der A-Gruppe aus, was von vielen ihrer Kollegen und Kolleginnen als ein besonders mutiger Schritt empfunden wurde, etwa so wie wenn jemand aus einer strengen Glaubensgemeinschaft austritt, in der er bisher seine Freunde und seine Heimat gefunden hatte, und dadurch zu einem geächteten Dissidenten wird. Meines Erachtens war Paula Heimann schon mit ihrer Arbeit über die Gegenübertragung (1950) eigene Wege gegangen. Viel mehr als bei Melanie Klein trat darin die Beziehung zwischen dem Patienten und seinem Analytiker in den Mittelpunkt des Interesses. Melanie Kleins Annahme von frühen Entwicklungsphasen, die – anders als bei Freud – recht starr festgelegt waren, dirigierte die Deutungsarbeit. Diese wurde beweglicher durch die Heimannsche Nutzung eigener Gefühle zur Wahrnehmung dessen, was im Patienten vor sich geht. Der Patient bleibt nicht nur das Kleinkind, er wird vielmehr zu einem auf gleicher Ebene wahrgenommenen Erwachsenen, ohne daß er dabei seine Verwurzelung in der Kindheit aufgibt. Der unmittelbare und «natürliche» Rapport mit dem Patienten steht im Mittelpunkt von Paula Heimanns Interesse. Dieser Rapport kann nur entstehen, wenn die/der Analytiker eigene, durch den Patienten evozierte Gefühle wahrnehmen und aushalten kann und möglicherweise als eine Reaktion auf den im

Patienten stattfindenden Prozeß entdeckt und so zu dessen Verständnis beiträgt. Der Analytiker erstarrt dann nicht in einer vorgeschriebenen Haltung, z. B. der «Spiegel» des Patienten zu sein, eigene Gefühle nur als Widerstand analysieren oder dem Patienten gegenüber die Haltung eines Chirurgen einnehmen zu müssen. «Die analytische Situation ist eine Zweierbeziehung. Was diese Beziehung von anderen unterscheidet, ist nicht das Vorhandensein von Gefühlen beim Partner, dem Patienten, und ihre Abwesenheit beim anderen Partner, dem Analytiker, sondern der *Grad* der Gefühlserlebnisse, die der Analytiker hat, und der *Gebrauch*, den er von seinen Gefühlen macht, zwei Faktoren, die in Wechselbeziehung zueinander stehen.» (Heimann, 1960, S. 484)

Was haben diese Einzelheiten aus der Geschichte der Londoner Psychoanalyse mit der Entwicklung der Psychoanalyse im Nachkriegsdeutschland zu tun? Ich glaube, einiges. Zumindest die Heidelberger Psychoanalytiker und Psychoanalytikerinnen identifizierten sich in dieser Zeit zunehmend mit der Entwicklung der Psychoanalyse, wie sie ihnen durch englische, amerikanische und holländische Analytiker vermittelt wurden, von denen viele während der Nazizeit aus Deutschland, Österreich und Ungarn vertrieben worden waren. Französische AnalytikerInnen gab es damals relativ wenige. Viele waren emigriert oder gingen nach der Besetzung Frankreichs durch die Deutschen in den Untergrund.

Ende der fünfziger Jahre verbrachten Alexander Mitscherlich und ich ein weiteres Jahr in London, um unsere Analyse ein Stück weit fortzuführen und zu vertiefen. Dieser Aufenthalt intensivierte natürlich die Kontakte und Freundschaften mit den Londoner Kollegen und Kolleginnen.

Während dieser Zeit in London war ich Mitglied einer Gruppe kleinianischer Analytiker, die ihre Fälle miteinander besprachen. Schon bei meinem ersten Aufenthalt hatte ich mich für die kleinianische Version der Psychoanalyse interessiert und an den Seminaren von Melanie Klein teilgenommen. Deren Vorstellung von einer paranoid-schizoiden Phase, die wir alle in der frühen Kindheit durchlaufen und die – wenn es gutgeht – von einer depressiven Phase abgelöst wird, leuchtete mir ein. Das Ziel einer Psychoanalyse lag auch für mich wesentlich in der Überwindung von paranoiden Selbstentfremdungen, die erkannt und damit zurückgenommen werden können, wie auch in der Wahrnehmung der eigenen zerstörerischen Potentiale, die sich oft gerade auf diejenigen Menschen richten, mit denen wir uns am engsten verbunden fühlen. Daß mit der Erkenntnis eigener innerer Vorgänge tiefe Depressionen und Trauer sich einstellen können, die das Bedürfnis nach Wiedergutmachung verstärken, ist allen AnalytikerInnen bekannt.

Melanie Klein und ihr Denken waren damals in Deutschland wenig verbreitet. Deshalb beschäftigte ich mich ab 1956 in Seminaren an der Heidelberger Psychosomatischen Klinik mit ihren Theorien. Kürzlich las ich zu meinem Erstaunen, ich hätte mich in den fünfziger Jahren der Kleinschen Analyse zugewandt, um mich dann sehr bald wieder von ihr abzuwenden. Das entspricht nicht den Tatsachen. Zutreffend ist, daß die politische Linie, zu der wir uns entschieden, nämlich zur Parteinahme für Freud und Anna Freud, denen wir so viel verdankten, damals von fast allen deutschen PsychoanalytikerInnen geteilt wurde.

Für mich waren und sind manche der kleinianischen Theorien hilfreich für das Verständnis komplizierter seelischer Vorgänge. Ich bin nach wie vor davon überzeugt, daß die Entwicklung der Fähigkeit, Projektionen und projektive Identifikationen zurückzunehmen und dadurch seine Mitmenschen wie auch sich selbst unverzerrter wahrnehmen zu können, sowie die Fähigkeit zur Trauer und die Entwicklung des Bedürfnisses nach Wiedergutmachung zu den wichtigsten Errungenschaften einer psychoanalytischen Therapie gehören. Dazu zählt auch der befreite Umgang mit tiefsitzenden Neidgefühlen, die unsere Lust am Lernen und Erkennen, ja, am Leben überhaupt zerstören.

Die Entwicklung der Fähigkeit zur Kritik und Selbstkritik, die Befreiung von Vorurteilen und entwicklungseinengenden Identifikationen sind mit Trauer- und Trennungsarbeit eng verbunden, auch wenn eine solche Befreiung von kindlichen Identifikationen als Vorbedingung für eine seelische und geistige Erweiterung durch neue Identifikationen erst während und nach der Pubertät voll wirksam wird. Darin stimme ich mit Mario Erdheim (1990) überein, wie auch darin, daß zwischen Familie und Kultur ein Antagonismus herrscht und kulturelle Verhältnisse nicht einfach Abklatsch familiärer sind. Das regressive Modell der Psychoanalyse behauptet das Gegenteil; in ihm wird alles im Leben eines Menschen auf die frühe Kindheit bezogen.

Seit einigen Jahren sind die Theorien Melanie Kleins in der deutschen Psychoanalyse «modern» geworden. Als Analyse könne nur angesehen werden, was bis zum «psychotischen Kern» eines Menschen vordringe und was ihn «auflösen» könne. Ich halte dieses Verständnis von Psychoanalyse weitgehend für Ideologie und empfinde es als gefährlich, wenn einem für bestimmte psychoanalytische Theorien «Glaubensbekenntnisse» abverlangt werden. Die Selbstidealisierung mancher PsychoanalytikerInnen und ihre Überzeugung, die Wahrheit für alle und für alle Zeiten gefunden zu haben, behindert, wie man weiß, die wissenschaftliche Weiterentwicklung der Psychoanalyse.

Es ist ein Paradox der psychoanalytischen Forschung, «daß ihr Gegenstand, das Unbewußte, sich immer neu bildet; es gleicht einem Kontinent, der in ständiger Veränderung begriffen ist» (ebd.); Erkenntnisse, die das allgemeine Bewußtsein einer Gesellschaft erreichen, dringen auch ins

Unbewußte einer Gesellschaft ein und ändern sie. Veränderte Vorstellungen von dem, was als «männlich» und «weiblich» angesehen wird, haben das Bewußte, aber auch das Unbewußte unserer Gesellschaft erreicht und diese bereits mehr modifiziert, als manche von uns wahrhaben wollen.

In den konservativen fünfziger Jahren, in denen sich in Deutschland die hierarchischen gesellschaftlichen Verhältnisse — in einer alten Universitätsstadt wie Heidelberg konnte man das besonders gut beobachten — im Vergleich zu den dreißiger Jahren, in denen auch das Zweite Reich Auferstehung feierte, kaum verändert hatten, zählte die Psychoanalyse zu den wenigen wiederentdeckten Wissenschaften, die überkommene «Werte» kritisch durchleuchteten und sich für die Vergangenheit, auch und gerade für die jüngste deutsche Vergangenheit, interessierten.

Für mich bedeutete die Psychoanalyse ungeheuer viel, nämlich die Befreiung von alteingesessenen nationalen und gesellschaftlichen Vorurteilen, wie natürlich auch eine Erweiterung des Wissens um das eigene Selbst und damit auch um die Neurosen meiner Patienten und Patientinnen. Mit Hilfe der Psychoanalyse versuchten Alexander Mitscherlich und ich die Katastrophe des Dritten Reiches, in deren Schatten wir alle lebten und leben, deren Entstehung und Folgen besser zu verstehen. Dieses Interesse teilten wir mit vielen AnalytikerInnen, insbesondere mit denjenigen, die in den dreißiger Jahren nach England, Frankreich oder Amerika emigriert waren. Langsam begriffen wir nicht nur, wie es zum Hitlerismus hatte kommen können, sondern auch, wie weit entfernt wir von einer verstehenden Bearbeitung der Vergangenheit in der Gegenwart noch waren. Daß Vergangenheit abgeschlossen sein muß, um Gegenwart herzustellen, wurde uns immer klarer. Ohne Trauerarbeit war und ist das nicht zu leisten.

Hilfe wurde uns von vielen Seiten zuteil. Die Freundschaft mit Fritz Redlich vertiefte sich. Wir sahen uns in Heidelberg und Frankfurt; er war auch bei der Eröffnung des Frankfurter Instituts zugegen. Bei wiederholten Reisen in die USA kam es zu anregenden Begegnungen mit ihm und seinen Freunden. Helmut Thomä verbrachte ein Jahr in seiner Klinik in Yale. Fritz Redlichs Buch *Der Sozialcharakter psychischer Störungen* wurde zu einem Standardwerk für diejenigen in Frankfurt und Heidelberg, die die Abhängigkeit psychischer Erkrankungen von gesellschaftlichen Verhältnissen untersuchten.

Auch Erik H. Erikson gehörte zu den frühen Besuchern in Heidelberg und Frankfurt. Anläßlich der Feier zum 100. Geburtstag Freuds, 1956, die von Max Horkheimer und Theodor W. Adorno auf der einen, von Alexander Mitscherlich auf der anderen Seite gemeinsam geplant wurde, hielt er am 6. Mai die Festrede. Ihr folgten über ein ganzes Semester hinweg zahlreiche Vorträge von bekannten Analytikern und Analytikerinnen sowohl in Frankfurt wie auch Heidelberg. Diese Vorträge führten zu einer Art Durchbruch der Psychoanalyse in der BRD. Das erlebte nicht nur Jürgen Habermas so. Insgesamt nahm das öffentliche Interesse an psychoanalytischer Theorie, Behandlung und Ausbildung langsam, aber unübersehbar zu.

Erikson sprach damals über «Das Problem der Identität», ein Problem, das uns bekanntlich noch heute umtreibt und Anlaß zu vielen Auseinandersetzungen war und ist. Ob sich diese Diskussionen nun um die «nationale Identität» drehen oder um die geschlechtsspezifische, ob um die berufliche oder welche begehrte, aufgedrängte oder abgelehnte «Identität» auch immer: Das Problem der «Identität», die Auseinandersetzungen über diesen Begriff und seine Inhalte haben ihre Aktualität bis heute nicht verloren.

Mit der Freud-Feier am 6. Mai 1956 in Frankfurt wuchs

auch das Interesse dieser Stadt und des Landes Hessen an der Gründung eines Instituts für Psychoanalyse. An der Feier nahmen der Bundespräsident Theodor Heuss, der hessische Ministerpräsident Georg-August Zinn, der Kultusminister Schütte, die Ministerialrätin Helen von Bila, die sich so mutig für die Sache der Psychoanalyse einsetzte, und viele andere Personen des kulturellen und politischen Lebens in Deutschland teil. Zinn empfahl damals den Politikern, sich für ein psychoanalytisches Institut schon aus eigenem Interesse einzusetzen, und hatte damit offenbar Erfolg. Seither gab es einen lebhaften Kontakt mit ihm und seinen Mitarbeitern einerseits, mit Horkheimer, Adorno und später auch Habermas andererseits, bis es schließlich 1960 zur Gründung des Sigmund-Freud-Instituts in Frankfurt kam. Dieses Institut stand nicht nur bei den Frankfurter Bürgern in hohem Ansehen; das Interesse an der Psychoanalyse wuchs im gesamten Bundesgebiet; zahlreiche psychoanalytische Publikationen erschienen bei Suhrkamp, S. Fischer, Klett, Piper und anderen Verlagen.

Von Anfang an arbeitete ich an ein paar Wochentagen am Institut, behandelte aber einen großen Teil meiner Patienten weiterhin in Heidelberg. Der Umzug nach Frankfurt erfolgte erst 1967. Feindschaften unter KollegInnen und Auseinandersetzungen gibt es unter Intellektuellen und Psychoanalytikern überall, also auch in Heidelberg. Dennoch fiel mir der endgültige Abschied von Heidelberg sehr schwer. Irgendwie hatte es dort einen Zusammenhalt gegeben, der nicht nur mit Hilfe von Feindbildern zustande kam. Natürlich hatten wir als PsychoanalytikerInnen eine Reihe von Feinden, die wir auch als solche empfanden, aber unser Hauptinteresse lag doch in der Erweiterung unseres Wissens über die Psychoanalyse und damit über uns selbst und die Gesellschaft, in der wir lebten. Wir waren eine kleine Gruppe, empfingen aber ungezählte Anregungen durch Besucher aus aller Welt, durch Kongresse und Arbeitsgemeinschaften, die wir veranstalteten oder an denen wir teilnahmen. Wir hatten viel zu lernen, und das geschieht am lebendigsten mit Hilfe der Identifikation mit Menschen, die man achtet und die Wissenserweiterung und Denkerneuerung anbieten. Nur Neid kann diese Art des Lebens und Lernens stören, und davon gab es in Heidelberg wenig, zumindest habe ich es so erlebt.

Das änderte sich in Frankfurt. Wir saßen in einem Institut eng zusammen, die allwöchentlichen Gäste blieben immer häufiger fern, während die Rivalität untereinander zunahm. Ich nehme an, daß das der übliche Lauf der Dinge ist. Wenn man «erwachsen» wird, hört das lustvolle Lernen durch neue Identifikationsfiguren weitgehend auf, man selber wird oft nolens volens zu einer solchen Figur oder strebt gar danach, was wiederum neue Rivalitäten schafft.

Mit dem Streben, Vorbild oder gar «Führer» sein zu wollen, verbindet sich nicht selten eine gewisse narzißtische Rigidität. Lebendig bleiben nur solche Menschen, die die Lust an neuen Erkenntnissen auch über sich selber höher bewerten als Anerkennung von außen. Dabei ist klar, daß mit zunehmendem Alter auf das Lernen durch Vorbilder mehr und mehr verzichtet werden muß, und auch, daß Neid die Lust am Lernen hemmt, Rivalität sie aber eher fördert.

Wie dem auch sei: Ich zumindest erlebte das Frankfurter Institut als relativ starr und habe lange der kreativen, lebendigen Atmosphäre Heidelbergs nachgetrauert. Dazu trug natürlich auch die später einsetzende schwere Erkrankung meines Mannes bei.

Im Laufe der sechziger Jahre wurde offensichtlich, daß die Auseinandersetzung mit der Psychoanalyse die öffentliche Meinung in der Bundesrepublik und das Denken der jüngeren Generation erheblich beeinflußte. Die Psychoanalyse spielte für die 68er Studentenrevolte eine nicht unwichtige

Rolle. Erstmals befragte die studentische Jugend ihre Väter nach ihrer Vergangenheit und nach deren Beteiligung am Nationalsozialismus. Bei den Frauen förderte die antiautoritäre Bewegung das Bewußtsein der eigenen Unterdrükkung. Ihre Mütter fragten sie nicht, weil sie erkannten, daß unsere «Demokratie», unsere «Volksherrschaft» in hohem Maße eine Demokratie von Männern ist. Daran hat sich bis heute nicht sehr viel geändert. Mit der Frauenbewegung habe ich mich seit ihrer Neubelebung Anfang der siebziger Jahre zunehmend identifiziert und versucht, mit Hilfe der Psychoanalyse die Situation der Frauen besser zu verstehen und damit auch verhärtete geschlechtsspezifische Rollenvorstellungen und «Werte» kritisch zu durchleuchten. Mir wurde immer klarer, in welchem Ausmaß die Nazi-Zeit von Männlichkeitswahn, Herrenrassentum und entsprechenden «Idealen» beherrscht war. Rassismus und Sexismus erschienen mir immer mehr als zwei Seiten derselben Medaille.

Zusammenfassend kann man sagen, daß in den fünfziger und sechziger Jahren die Neuaneignung psychoanalytischer Erkenntnisse stattfand, die uns in den zwölf Jahren der nationalsozialistischen Barbarei verlorengegangen waren. Der Aufbau eines psychoanalytischen Grundwissens nahm uns, vor allem in den fünfziger Jahren, völlig in Anspruch und erfüllte uns mit Begeisterung. Mit vielen seinerzeit emigrierten Analytikern und Analytikerinnen teilten wir das Interesse, unsere jüngste Vergangenheit mit Hilfe dieses Wissens besser zu verstehen, damit sie sich niemals wiederhole. Nach zahlreichen Diskussionen mit Kollegen und Freunden im In- und Ausland veröffentlichte ich gemeinsam mit Alexander Mitscherlich das Buch *Die Unfähigkeit zu trauern* (1967). Es ist nach der «Wiedervereinigung» erneut aktuell geworden und erschien vor kurzem im Leipziger Reclamverlag. Seither werde ich oft danach gefragt, wie es mit der Fähigkeit oder Unfähigkeit zu trauern bei den Menschen in den neuen Bundesländern aussieht. Man könnte ganz einfach antworten: Schaut sie euch doch an, die Ossis, sie sind depressiv, ihr Selbstwertgefühl ist gering. Sie hatten eben kein Wirtschaftswunder, keine Gelegenheit, mit Hilfe eines hektischen Wiederaufbaus ihre Depression abzuwehren. Sie leiden bis heute unter dem Schock ihrer zusammengebrochenen Ideale nach dem Ende des Hitlerreichs, ein Schock, der erneut aktiviert wurde durch die Entidealisierung des «real existierenden Sozialismus». Andererseits wurde ihnen das Verdrängen durch ihre — im Gegensatz zur unseren — eindeutig antifaschistische Regierung geradezu angeboten. In der DDR hieß es: Die Hitlers kommen und gehen, das deutsche Volk bleibt bestehen. Gleichsam in einem Aufwasch konnten sie gemeinsam mit den DDR-Machthabern die stalinistischen Verbrechen mitverdrängen.

Aber das ist ein weites Feld und viel zu kompliziert, um es in wenigen Sätzen abzuhandeln.

Natürlich standen in den fünfziger und sechziger Jahren nicht nur gesellschaftspolitische, sondern auch klinische Erfahrungen im Mittelpunkt unseres psychoanalytischen Interesses. Die Anregungen und Förderungen, die wir von Analytikern wie Michael Balint, Willie Hoffer, John Klauber, Jeanne Lampl-de Groot, Paula Heimann, Piet Kuiper, Yela und Henry Loewenfeld, Bela Grunberger und vielen anderen in Diskussionen und Vorträgen erhielten, sind sicherlich allen Beteiligten unvergessen und hatten für uns unschätzbaren Wert. Piet Kuiper nahm es auf sich, alle drei Wochen zu uns zu kommen, um mit Hilfe von Supervisionen und Seminaren an unserer Ausbildung teilzunehmen.

Auch wenn die Widerstände gegen die Psychoanalyse an den Universitäten nur mühsam oder gar nicht zu überwinden waren, konnte man doch sehen, daß die Psychoanalyse ihren Einfluß auf andere Wissenschaften vermehrte. Die Verbindung von Methode und Theorie, vor allem aber die

Einbeziehung des Beobachters in den Untersuchungsprozeß erwies sich als ein neues Paradigma des Wahrnehmens, als eine wissenschaftliche Revolution, die z. B. im Bereich der Physik für Physiker wie Niels Bohr größte Bedeutung gewann.

Daß der Einfluß der Psychoanalyse auf unsere Gesellschaft mittlerweile wieder zurückgegangen ist, kann niemandem entgangen sein. Das mag mit der Starrheit einer hierarchischen Ausbildungssituation zusammenhängen, mit der Tendenz zur Selbstidealisierung psychoanalytischer Institutionen oder mit dem Fehlen kreativer und unabhängig denkender Köpfe, die man sich nun einmal nicht «backen» kann. Vielleicht war der Schock der Nazi-Barbarei so groß, daß er uns bis heute zur Trauer unfähig macht, daß wir fürchten, eine depressive Phase nicht lebend überstehen zu können. Eine solche Depression aber wäre die Bedingung dafür, wieder offen für eigene und fremde Gefühle und seelische Erlebnisse zu werden.

Faktisch mußte die Psychoanalyse als Wissenschaft nach 1945 in Deutschland neu eingeführt werden. «Man muß wirklich zu den Anfängen der Psychoanalyse zurückkehren, um das Maß an Ignoranz in den ersten Nachkriegsjahren abschätzen zu können. Momente lebten wieder auf, die das Niveau der Invektiven aus der Zeit vor dem Ersten Weltkrieg hatten.» (H. Thomä, Ansprachen und Vorträge zur Einweihung des Institut-Neubaus, 14.10.1964)

Margarete Mitscherlich
Psychoanalyse, Heft 3, 1992
(= Psyche, Jg. 46, 1992)

# Biographische Daten

*Dr. Margarete Mitscherlich* geb. Nielsen wurde am 17.7.1917 in Graasten/Dänemark als Tochter eines dänischen Arztes und einer deutschen Lehrerin geboren.

1937 bestand sie am Flensburger Oberlyzeum das Abitur. Studium erst der Literatur, dann der Medizin in München und Heidelberg (Staatsexamen 1943).

Die letzten Kriegs- und ersten Nachkriegsjahre verbrachte sie in Dänemark; von dort ging sie 1947 in die Schweiz. In Zürich wichtige Begegnungen mit der Psychoanalyse, für die sie sich schon seit Ende der dreißiger Jahre interessierte. 1949 zurück nach Deutschland, Dissertation 1950 in Tübingen. Danach Studium der Psychoanalyse in Stuttgart, London und Heidelberg.

Mit ihrem Mann, Alexander Mitscherlich, bemühte sie sich in der Heidelberger Universitätsklinik für Psychosomatische Medizin um die Wiederbelebung der Psychoanalyse in Deutschland. Das führte 1960 zur Gründung eines psychoanalytischen Instituts in Frankfurt am Main, das mit Hilfe der Hessischen Landesregierung ermöglicht wurde.

Zahlreiche Reisen, längere Aufenthalte in USA und London intensivierten den Kontakt mit den ausländischen Kollegen/innen, vor allem mit denjenigen, die während der Hitler-Zeit emigrieren mußten. Diese Kollegen/innen halfen durch ihre regelmäßige Teilnahme an Kongressen, Forschung und Ausbildungsveranstaltungen, zuerst in Heidelberg, dann in Frankfurt, zur Etablierung der Psychoanalyse in der BRD und ihren Anschluß an deren moderne Entwicklung.

Ihr Hauptinteresse in den Nachkriegsjahren galt der Aufarbeitung der nationalsozialistischen Vergangenheit. Mit Hilfe psychoanalytischer Kenntnisse und zahlreichen Diskussionen im In- und Ausland schrieb sie mit Alexander Mitscherlich 1967 «Die Unfähigkeit zu trauern».

Ihr lag daran, psychoanalytische Kenntnisse nicht nur transparent für weitere Kreise der Bevölkerung zu machen, sondern sie auch auf politischen und kulturellen Gebieten anzuwenden.

Seit Ende der sechziger Jahre wendete sie sich zunehmend der Situation der Frau in unserer Gesellschaft zu. Sie bemühte sich in zahlreichen Aufsätzen in der Zeitschrift PSYCHE, deren Herausgeberin sie ist, und in verschiedenen Büchern («Müssen wir hassen» 1976; «Das Ende der Vorbilder» 1980; «Männer» 1980 zus. mit Helga Dierichs; «Die friedfertige Frau» 1985; «Die Zukunft ist weiblich» 1987; «Erinnerungsarbeit» 1987; «Über die Mühsal der Emanzipation» 1990) darum, die psychologischen Ursachen für soziokulturelle Einstellungen und Vorurteile Frauen gegenüber sowie die spezifische Erziehung und Entwicklung der Frau zu untersuchen.

Margarete Mitscherlich ist u. a. Mitglied der Internationalen Psychoanalytischen Vereinigung, der Deutschen Psychoanalytischen Vereinigung, des PEN-Clubs und war über mehrere Jahre im Beirat des Hamburger Institutes für Sozialforschung.

1982 erhielt sie die Leuschner-Medaille des Landes Hessen, 1984 den Kulturpreis der Stadt Flensburg, 1990 die Ehrenplakette der Stadt Frankfurt am Main.

# **pendo** —— profile

In unserer neuen Reihe
**pendo-profile**

äussern sich bedeutende Persönlichkeiten zu brennenden Fragen der Zeitgeschichte. Sie erläutern Zusammenhänge, geben Deutungen und erörtern Perspektiven.
Jedes Buch ist einem zeitaktuellen Thema gewidmet. Jedes Buch beleuchtet Hintergründe und Folgen der mit dem Thema verbundenen Probleme. Und jedes Buch diskutiert Lösungsansätze im Hinblick auf eine humanere Lebenswelt.

Der Inhalt der Bücher folgt meistens einer dreiteiligen Gliederung:
- In einer populär abgefassten Einführung wird das Buchthema vorgestellt und der aktuelle Diskussionsstand referiert.
- Den Hauptteil bestreitet das von einem kundigen Interviewer oder Moderator geleitete Gespräch.
- Im Anhang werden wichtige im Gespräch angeschnittene Aspekte, Ereignisse und Personen mit dokumentarischem Material belegt.

bisher erschienen:

Rita Süssmuth/Helga Schubert – **Gehen die Frauen in die Knie?**

Weizenbaum contra Haefner – **Sind Computer die besseren Menschen?**

Jürgen Habermas – **Vergangenheit als Zukunft**

Friedrich Dürrenmatt – **Über die Grenzen**

Hans Peter Dürr – **Unsere Verantwortung für die Natur**

Margarete Mitscherlich – **Ist Partnerschaft möglich?**

Johan Galtung – **Nach dem kalten Krieg**

Im Herbst 1994

Klaus Piper – **Verlegerleben**

Margarete Mitscherlich – **Trauer verlangt Trost**

**pendo-verlag**   CH-8032 zürich